소비자가 주도하는 ESG 모델:

블랙야크가 제안하는
플라스틱 재앙 예방 국민운동

서 언

우리의 후손에게 바람직한 자연 환경을 넘겨주기 위해서는 누가 어떤 역할을 담당해야 할까? 최근 사회 내에서의 기업의 역할에 대한 다양한 논의가 전개되고 있다. 많은 전문가들은 기업에게 이윤창출이라는 경제적 성과와 함께 사회적 문제를 해결하고 환경적 가치를 보존하는 기업의 역할을 요구하고 있다. 최근 화두가 되고 있는 지속가능한 발전(sustainalbe development)과 ESG(environment, social, governance)가 대표적인 예들이다. 특히 ESG 이슈는 기업이 담당해야 할 핵심과제로 부각되고 있고 적지 않은 기업들이 이를 구축하기 위해 노력하고 있다. 기업들은 환경적 리스크를 인식하고 환경적 가치를 훼손하지 않는 경영활동부터 바람직한 환경 구축을 위한 친환경 제품개발, 리사이클링 기술개발 및 업사이클링 등을 세시하고 있다.

이런 상황에서 과거 친환경 재료로 각광 받아 왔던 플라스틱이 미래의 소비생활을 위협할 수 있다는 경고가 자주 나오고 있다. 기업은 플라스틱을 이용해 다양한 제품을 생산하고 있고 소비자는 이를 일상생활에서 소비하고 있는데, 우리가 소비하고 배출하는 플라스틱을 적절한 방법으로 처리하지 않으면 자연에서 정상적으로 처리되는데 수백 년이 걸려 멀지 않은 미래에 큰 환경적 재앙으로 다가올 수 있다. 우리나라가 플라스틱 소비량 세계 3위국임을 감안하면 이에 대한 해결책은 시급히 제시되어야 한다.

그러나 우리나라 자원이나 자연환경의 보존은 기업의 노력만으로 가능할까? 저자는 이러한 의문에서 본 사례를 개발하게 되었다. 사회적 문제해결이나 환경적 가치제고는 매우 이상적인 슬로건이지만, 공공재의 성격을 가지고 있어 사회 구성원들이 자발적이고 적극적으로 참여하기 어려운 일이다. 과연 기업은 자신의 이익을 희생하면서 환경적 가치를 제고하기 위한 활동을 지속할 수 있을까? 소비자는 어떤 기업이 친환경활동을 잘하는지 점검하는 것으로 역할을 다하는 것일까? 소비자와 기업이 서로 파트너가 되어 서로 격려하고 노력한다면 우리는 미래 세대에게 좋은 환경을 넘겨줄 수 있을 것이다.

아웃도어 사업을 전개하고 있는 블랙야크 그룹은 매우 특별한 프로젝트를 진행하고 있다. 소비자가 중심이 되어 플라스틱 재앙을 예방하는 국민캠페인이 시작된 것이다. 이 캠페인으로 최근 업계의 화두가 되는 ESG 활동은 새로운 방향으로 전개될 것으로 예상된다. 지금까지 ESG 활동은 기업이 담당해야 할 영역으로 논의되어 왔지만, 저자는 ESG 활동은 소비자에 의해 주도될 수 있다고 확신한다. 저자가 분석해 본 바로는 이 플라스틱 쓰레기의 적절한 처리는 기업 혼자만의 노력으로 해결될 수 없다. 소비자가 자연환경의 주인으로 이를 주도해야만 바람직한 성과를 거둘 수 있다. 이 캠페인과 관련해 소비자, 기업, 지자체 및 다양한 기관들이 함께 참여하여 가시적인 성과를 내야 미래의 재앙을 피할 수 있다. 이 프로젝트는 미래세대를 위한 바람직한 환경 구축을 위한 "must" 프로젝트가 되어야 한다.

저자는 국내에서의 플라스틱 소비로 인한 문제점과 이를 적절히 처리함으로써 우리의 자연환경을 보존할 수 있음을 소비자들에게 전달하고자 한다. 블랙야크 그룹은 기업, 정부 또는 지자체, 소비자가 모두 함께 참여하는 범국가적인 캠페인을 시작했다. 특히 블랙야크는 소비자를 이러한 범국민운동의 주인공으로 초대하고 있다. 이 운동은 소비자의 참여 없이는 장기적인 성과를 낼 수 없다. 이 국민운동에 소비자들이 동참해야만 우리나라에서 소비되어 배출되는 플라스틱 쓰레기 문제가 예방될 수 있을 것이다.

우리나라 자연환경의 주인은 소비자(또는 국민)이다. 우리는 우리나라의 아름다운 자연환경을 누릴 권한이 있다. 우리 소비자들은 자연환경의 주인이기에 우리가 소유하는 것을 보존하기 위해서 이 범국민운동에 자발적으로 참여할 것이라고 확신한다. 저서에서 자세하게 설명하겠지만 이 캠페인의 시작과 마지막은 소비자가 담당해야 한다. 소비자와 기업이 서로 파트너가 되어 우리의 미래 세대에게 바람직한 자연환경을 넘겨주는 꿈을 그려본다.

마지막으로 학자로서의 활동 에너지 원천이 되어주고 이번 저서를 개발하는데 많은 조언과 격려를 보내준 아내, 두 아들, 며느리에게 감사의 마음을 전한다.

소비자가 주도하는 ESG 모델: 블랙야크가 제안하는 플라스틱 재앙 예방 국민운동

본 저서는 블랙야크가 전개하고 있는 'PLUSTIC 패션' 프로젝트를 소개하고 이 프로젝트가 플라스틱 재앙을 예방하는 성과를 거두기 위해 소비자들이 주인으로서 어떤 역할을 할 수 있는가를 소개한다. 기업과 소비자와의 관계에서 소비자가 무대의 주인공이 되는 4차 산업혁명 시대에서 저자가 제안하는 소비자의 능동적 역할은 기업들의 친환경 활동을 유도하는 동력이 될 것이다. 본 저서는 블랙야크가 제안하는 플라스틱 재앙 예방 국민운동을 소개하는 것이지만, 이러한 운동의 배경을 이해하고 소비자가 주인의식을 가지고 우리의 자연환경을 보호하기 위해 자발적으로 참여해야 함을 강조하고 싶다. 이를 위해 본서는 다음과 같이 구성되었다.

1부에서는 그간 자주 논의된 바 있는 기업의 사회적 책임(CSR)[1], 공유가치창출(CSV: Creating Shared Value)[2], 지속가능경영[3], ESG[4] 등의 등장

1 기업이 경영활동을 하고있는 사회에 대한 책임을 의미하는데, 기업의 사회적 책임은 시대적 배경에 따라 그 의미와 범위가 진화되어 왔다.

2 마이클 포터가 제안한 개념으로 CSV(creating shared value 또는 공유가치창출)라 칭해진다. 그는 기업이 사회에 내재되어 있는 사회적 문제를 해결하는 사업을 전개함으로써 경제적 성과와 사회적 가치 제고를 함께 달성할 수 있다고 제안한다.

3 1980년대 중반 UN은 미래 세대에게 바람직한 삶의 환경을 넘겨주기 위한 지속가능한 발전을 제안했다. 이를 위해 기업이 담당해야 할 역할이 제시되면서 지속가능경영이라는 개념이 등장했다.

4 Environment, Social, Governance의 약자로 투자자들이 기업들에게 경제적 성과뿐만 아니라 사회적 가치를 제공하기 위한 활동 및 환경적 가치를 위한 활동에 대한 비재무적 정보의 공시를 요구하면서 등장한 용어이다. 투자자들은 재무적 정보뿐만 아니라 비재무적 정보를 함께 평가하여 투자함으로써 사회적으로 바람직한 투자를 하고자 한다.

배경과 진화과정을 정리한다, 그리고 최근 기업의 목적이 다시 정의되고 있음을 설명한다. 이러한 진화과정 속에서 블랙야크가 제안하는 국민운동의 목적과 필요성이 논의되고 이 프로젝트가 현재와 미래 세대의 바람직한 삶의 질을 위해 꼭 성공해야 하는 "must" 과제임이 설명될 것이다.

2부에서는 기업이 사회적 가치를 구현하기 위해 진행했던 활동사례들을 분석하고 이 사례들이 제공하는 시사점들을 요약하였다. 특히 소비자가 참여해 좋은 성과를 거둔 사례들이 분석되었다. 이러한 사례들은 블랙야크가 진행하고 있는 "플라스틱 재앙 예방 국민운동"의 미래 방향에 가이드라인을 제시해 줄 것이다.

3부에서는 블랙야크를 창업하고 국내에서 가장 경쟁력 있는 아웃도어 브랜드로 성장시킨 강태선 회장의 경영철학과 블랙야크가 오랜 기간 전개해 온 친환경 활동을 요약하였다. 이를 통해 독자들은 블랙야크가 제안하는 국민운동이 단순히 보여주기 위한 활동이 아니라 우리나라 자연환경을 보존하겠다는 기업사명에 바탕을 둔 것임을 이해하게 될 것이다.

4부에서는 최근 국내에서 배출된 플라스틱 쓰레기를 재활용하는 블랙야크의 "PLUSTIC 패션" 캠페인을 상세하게 소개하였다. 독자들은 국내에서 배출되는 플라스틱 쓰레기가 자연과 인간에게 위협이 되고 있고 이를 적절하게 처리하는 것이 중요한 과제임을 이해하게 될 것이다. 단기적으로 수익을 내기 어렵고 많은 인력의 노력과 비용이 들어가는 과제임에도 자연환경 보호라는 난제에 도전하고 있는 블랙야크의 "PLUSTIC 패션" 캠페인의 진정성도 평가될 수 있을 것이다.

5부에서는 소비자가 플라스틱 재앙 예방 국민운동에 참여하지 않으면 성과를 낼 수 없음을 설명하고, 최근 기업과 소비자와의 관계에서 소비자 역할의 변화와 관련된 내용을 소개하였다. 소비자가 우리나라 자연환경의 주인임을 소개하고 블랙야크가 "PLUSTIC 패션" 캠페인에 소비자를 주인공으로 초대해야 함을 강조하면서 블랙야크가 담당해야 할 과제들을 요약하고 자연환경의 주인으로서 소비자가 담당해야 할 행동 방향을 제시하였다.

6부에서는 이 프로젝트가 소비자 주도형 ESG라는 새로운 영역을 개척하게 될 것으로 예측하였다. 소비자가 주인공으로 참여하면서 전개될 국민운동은 향후 ESG 경영의 새로운 모델로 발전될 것이다. 그리고 마지막으로 이 프로젝트의 성공을 통해 블랙야크가 정체성이 확실하고 품격을 갖춘 브랜드로 자리매김하면서 글로벌 TOP 5 브랜드로 도약하기를 기원하였다. 플라스틱 재앙 예방 프로젝트의 성공은 블랙야크의 도약뿐만 아니라 우리나라 자연환경이 보존되어 국민의 삶의 질을 높여주게 될 것임을 확신한다.

마지막으로 부록에서는 독자의 이해 수준을 높이기 위한 보충자료가 준비되었다. 저자는 소비자의 자발적 기부 선택 및 단골매장 선택이 가져다주는 효과를 분석한 바 있다. 소비자들에게 특별한 인센티브가 제공되지 않아도 구매시 추가 금액을 부담하면서도 회사의 제안에 호응하는 소비자들이 있음을 확인하였다. 물론 그 제안에 사회적 가치 또는 효용적 가치가 제시되어 있어야 한다. 이 보충자료들은 독자들이 소비자 참여형 마케팅활동의 효과를 이해하는데 도움이 될 것이다.

차 례

제2부 소비자가 기업 활동에 참여할 때 나타나는 성과: 사례와 시사점

제3부 국산 브랜드 블랙야크의 도전과 성장 그리고 자연과의 공존

제5부 소비자가 자연환경의 주인: 소비자에 의해 주도되고 완성되는 'PLUSTIC 패션' 프로젝트

제6부 소비자 주도형 ESG 프로젝트로의 진화

부록 소비자 참여형 효과에 관한 보충자료

PLUSTIC
플라스틱에 패션을 입히다

제1부

사회 내에서 기업의 목적과 역할이 바뀌고 있다

기업이 사회 내에서 담당해야 할 역할은 오랜 기간 논의되었던 주제이고 이러한 역할은 시대적 환경에 따라 진화되어 왔다. 사회 내에서 기업이 담당해야 할 역할에 대한 논의의 출발점은 기업이 왜 사업을 하는가이다. 전통적으로 기업가는 위험을 감수하고 창의적인 경영을 통해 돈을 벌어(경영학에선 이윤 창출이라고 함) 소유하기 위해 사업을 해 왔다. 기업은 이윤 창출을 위해 사회가 보유하고 있는 자원과 자연환경을 활용해 왔는데, 이러한 활동으로 인한 사회적 및 환경적 문제가 목격되면서 기업의 사회적 책임(CSR: Corporate Social Responsibility)이라는 용어가 등장하게 된다. 이후 기업의 사회적 책임은 시대적 환경에 따라 그 의미와 범위가 진화되어 왔다. 1부에서는 이러한 논의가 진화되어 온 과정을 요약하고 이러한 논의과정에서 기업에게 요구되는 새로운 역할을 소개한다. 이를 통해 독자들은 블랙야크가 제안하는 플라스틱 재앙을 예방하기 위한 국민운동의 배경 및 지향하는 목표 등을 더 정확하게 이해할 수 있게 될 것이다.

1. 기업의 목적과 사회적 책임

기업이 사업을 하는 목적은 이윤창출이었다. 쉽게 설명하면 돈을 벌어 소유하기 위해 사업을 한다는 것이다. 그러나 이러한 기업의 목적은 다양한 각도에서 논의되었는데, 그 과정을 한국의 시대적 환경에 따라 요약해 보면 다음과 같다.

1) 기업은 왜 사업을 하는가? 돈을 벌어 소유하기 위해서 사업을 했다.

해방 후 또는 전쟁 후 먹고 살기 위해 사업을 하던 시절이 있었다. 이때 경영자는 회사의 생존만을 고려해야 했고 기업의 경영활동이 사회 또는 다른 사람들에게 미치는 영향을 고려할 수 있는 여건이 아니었다.

국내외를 막론하고 경영학은 기업의 목적을 이윤창출의 극대화로 설명하고 있고 이는 지금 시대에도 유효하다. 우리나라의 경우 해방 이후 그리고 한국전쟁 후 국민들은 극심한 빈곤을 겪어야 했고, 국민이 일상생활에서 필요로 하는 제품에 대한 공급량은 수요량에 훨씬 못 미치고 있었다. 이러한 공급량 부족을 해소하기 위해 당시 정부는 정부차원의 사업을 제시했다. 이 시기 기업의 목적은 사업을 통해 돈을 벌어 소유하는 것이었다. 기업은 이윤을 창출하기 위해 또는 생존하기 위해 모든 노력을 기울였다. 사업 환경이 열악했던 시절이기에 경영활동으로 인해 사회에 미치는 부정적인 영향을 고려할 여유도 없었던 시절이다. 기업은 제품이나 서비스를 생산해 시장에 공급하고 창출한 이윤을 통해 종업원에게 월급을 주는 것만으로 사회에 기여했다고 인정받을 수 있었다.

당시 사업하는 사람에게 왜 사업을 하느냐고 물어보면 아마 대부분 돈을 벌기 위해서라고 대답했을 것이다. 더 절박하게 표현하면 먹고 살기 위해서 그리고 번 돈을 소유해 더 좋은 삶을 살기 위해 사업을 했다. 개인 또는 법인의 소유권을 인정하는 자본주의는 산업혁명 시대와 맞물리면서 기업을 성장하게 만드는 결정적인 시스템이었다. 자본주의 시장에서 가장 기초적인 원리를 제공한 사람은 아담스미스(Adam Smith)이다. 그는 자본론이라는 저서에서 시장에 수많은 공급자과 수요자가 있고 각 구성원들은 자신의 이익을 극대화하기 위해 노력하면 '보이지 않는 손(invisible hand)'이 작동해 수요와 공급의 균형을 가져다준다고 제안한 바 있다. 각 구성원이 자신의 이익을 위해 경쟁하다 보면 누군가 계획하거나 의도하지 않아도 전체 구성원에게 유익한 결과를 가져다준다는 것이다. 이런 원리는 사업을 시작하는 사람들이 다른 사람들의 이익을 고려하지 않고 자신의 이윤을 창출하는데 집중하게 해 주었다.

2) 폐기물 방출 및 대기 오염의 책임은 누구에게 있는가? 기업의 사회적 책임이 인식되기 시작하다.

기업 경영활동으로 인한 폐기물 방출, 오염으로 문제점들이 가시적으로 목격되기 시작하면서 정부는 경영활동을 규제하기 시작했고 기업은 사회적 책임을 인식하기 시작했다.

기업의 이윤창출만을 위한 활동은 사회에 여러 가지 문제점을 야기할 수 있다. 기업의 자원 활용에 따른 폐기물 방출, 오염 등이 대표적인 사회적 문제점(이 외에도 자원고갈, 대리인 문제, 부패, 노동착취 등이 있음)이고 이는 기업이 직접적인 원인을 제공했다고 볼 수 있다. 자원고갈이나 대리인 등의 문제는 단기간 내에 나타나지 않지만, 폐기물 방출 및 환경오염에 따른 문제는 가시적으로 목격되고 일상생활에 불편함을 주기 때문에 소비자들은 기업에 대해 불편한 시각을 갖게 된다.

정부는 기업 활동에 대한 감시자 역할을 시작한다. 기업이 사업을 위해 사용한 자원이나 자연환경에 대한 적절한 처리를 요구하는 규정을 마련하기 시작한 것이다. 이를 반영하듯 노벨경제학상을 수상한 프리드먼(Friedman)은 'capitalism and freedom'이란 저서에서 기업의 이익을 추구하는 경제적 자유를 강조면서도 기업은 주주의 이익뿐만 아니라 커뮤니티에 미치는 영향을 고려해야 한다고 제안했다. 프리드먼(Friedman)에 따르면 "기업의 단 한 가지 사회적 책임은 법이 정한 규칙에서 이윤을 극대화하기 위해 자원을 효율적으로 활용하고 경영활동을 전개하는 것"인데, 법을 준수해야 한다는 책임이 처음으로 제기되었다. 프리드먼(Friedman)이 제시한 사회적 책임은 최소한의 의무를 언급한 것으로 볼 수 있는데, 경영자는 이윤창출을 추구함에 있어서 법을 어기지 않으면 된다는 소극적인 범위에서 사회적 책임을 인식하게 된 것이다.

기업은 왜 사회공헌활동을 시작했는가?: 기업이 야기할 수 있는 문제들에 대한 규제가 마련되었지만, 기업이 이러한 규제를 준수하더라도 문제점들이 해소되기보다는 누적되면서 기업 활동에 대한 적극적인 규제나 견제가 필요하다는 사회적 요구가 높아지게 된다. 캐롤(Carroll, 1991)이라는 학자는 기업의 사회적 책임과 관련된 변화과정을 경제적 책임(기업의 소유자인 주주를 위해 이윤을 창출해야 하는 의무), 법적 책임(법적 규정을 준수할 의무), 윤리적 책임(사회가 요구하는 규범에 따라야 할 의무) 및 자율적 책임(사회적 가치를 제고해야 할 의무)이라는 사회적 책임의 계층구조를 통해 설명한 바 있다. 이때 기업의 사회적 책임은 법적 규정을 준수하는 의미에서 사회가 요구하는 규범에 따라야 한다는 의미로 바뀌기 시작했다.

기업 활동에 대한 사회적 요구와 법적 규제가 강화되면서 기업은 이에 대응방안을 마련하기 시작했는데 가장 대표적인 것이 기업의 사회공헌활동이다. 초기에 기업은 자선적 사회공헌활동[1]을 전개했는데, 경영활동을 통해 창출한 이윤 중 일부를 예산으로 책정하여 빈곤층이나 소외계층을 지원하는 사업을 전개하기 시작했다. 특히 자연자원이나 자연환경을 많이 활용하고 있는 기업들이 그에 따른 영향을 복원하거나 예방하는 차원에서 시작하였고 이러한 활동은 일반 공중과의 우호적인 관계를 형성하거나 호의적인 기업 이미지를 구축하는 중요한 수단이 되었다. 이 시기 사회공헌활동은 이윤 극대화를 위한 수단이었다.

3) 미래 세대에게 바람직한 삶의 환경을 전해 줄 수 있을까? 지속가능한 발전이 제기되고 기업의 구체적인 역할이 요구되다.

국내외에서 사회적 및 환경적 문제점들이 다양하게 목격되면서 국제사회에서 지구촌의 지속가능한 발전을 위한 선언이 시작되었다. 현세대가 당면한 문제를 해결하면서 양질의 삶을 추구하되 이러한 활동으로 인해 다음 세대의 삶의 질을 훼손시키지 말아야 한다는 것이다. 이어서 지구촌의 지속가능한 발전을 위한 기업의 역할이 새로운 관점에서 제시되기 시작했다.

앞서 논의된 기업의 사회적 책임은 기업의 이윤 극대화에 바탕을 두고 있고 시대적 상황에 따라 사회가 기업에게 요구하는 사회적 책임을 어떤 방식으로 대응하느냐의 문제였으며 대응방식의 선택은 기업의 자율적인 의사결정 영역이었다. 1980년대에 들어서면서 이와는 다른 각도에서 기업의 사회적 책임이 논의되기 시작했다. 대표적으로 UN과 같은 국제기구가 지구촌 차원에서 건강한 사회발전(현 세대만을 위한 것이 아니라 후속세대를 위한)을 위한 운동을 제안했고 그 배경엔 지구촌에서 목격되는 다양한 문제점들이 있었다.

1 기업이 창출한 이윤의 일부를 편성해 빈곤층이나 소외계층을 지원하는 활동을 의미한다.

적지 않은 환경학자들은 우리가 살아가는 방식을 바꾸지 않으면 지구에 재앙이 닥칠 것을 경고해 왔다. 우리는 오존층의 파괴, 지구온난화로 수온의 상승으로 인한 문제점들, 쓰나미와 같은 자연재해 등을 목격하고 있다. 그에 따라 세계환경개발위원회는 1987년 우리가 보유하고 있는 환경과 자원을 후속세대들도 사용할 수 있게 해야 한다고 강조하면서 '환경적으로 건전하며 지속가능한 발전'이란 개념을 제안했다. 당시 UN이 제시한 지속가능한 발전의 개념은 "인류는 현재 세대가 자신들이 필요한 것을 충족할 때 다음 세대가 자신들의 필요한 것을 충족하게 할 수 있는 영역과 타협하지 않으면서 발전을 지속할 수 있도록 해야 한다."는 것이었다. 좀 더 쉽게 설명하면 현 세대가 당면한 문제를 해결하면서 양질의 삶을 추구하되 이러한 활동으로 인해 다음 세대의 삶의 질을 훼손시키지 말아야 한다는 것이다.

지속가능성이라는 개념은 경제성장(economic growth), 사회발전(social development), 친환경(eco-friendliness)이라는 세가지 축(triple bottom line)으로 정립된다. 첫 번째 축인 경제성장은 자원을 효율적으로 사용해 경제적인 발전을 달성하고 이를 통해 빈곤을 퇴치하고 일자리 창출을 제안한다. 두 번째 축은 인간 사회에서 보편성, 공정성, 공평성과 같은 사회적 가치를 발전시켜 경제성장에서 야기될 수 있는 사회적 문제점을 해결하는 것을 제안한다. 예를 들어 경제가 발전하면서 소득불균형이 나타나 사회적 대립이 나타날 수 있기 때문에 모든 구성원이 공정한 기회를 가질 수 있는 사회적 시스템이 필요하다는 것이다. 마지막 축은 환경과 관련된 것으로 인간 사회가 자신의 필요를 충족시키되 환경과의 조화를 추구해야 한다는 것을 제안한다. 인간에게 제공되고 있는 천연자원이나 생태 자원은 무제한적으로 사용되거나 현 세대의 필요를 충족시키기 위해 훼손될 수 있는 대상이 아니라는 것이다. 예를 들어 자연자원 고갈 방지, 오염 방지, 자연 보호를 통한 환경의 질 개선 등이 요구되었다. 이와 같은 세가지 축은 선택의 문제가 아니라 모두 함께 달성되어야 할 과제로 제시된 것이다.

이러한 국제기구의 활동은 의미있는 출발점이었지만, 구성원들의 자발적인 참여를 유도하기에는 한계가 있었다. 그에 따라 지구촌의 지속가능한 발전을 위해 기업의 역할이 요구되기 시작한다. 앞서 설명한 바 있는 세가지 축(triple bottom line)을 기업에 적용해 보면, 기업은 경영의 지속가능성을 확보하기 위해 경제적 성과를 내야하고 사회적 문제 해결을 통한 사회발전에 기여하며 미래의 자원을 확보하기 위해 환경적 가치의 보존을 함께 추구해야 한다. 이러한 내용은 〈그림 1〉에 요약되어 있다.

〈그림 1〉 지속가능경영의 개념

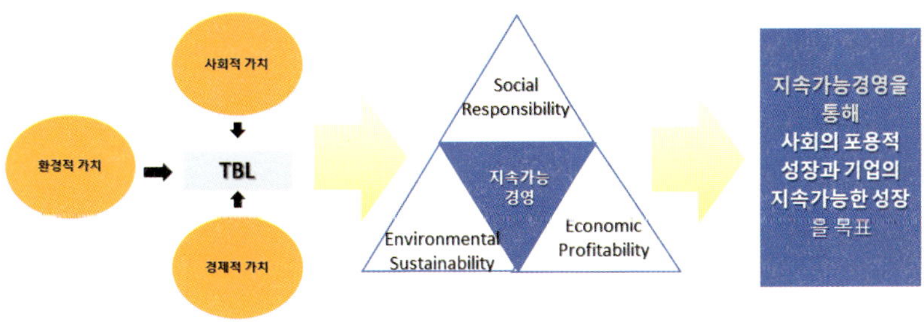

지속가능한 발전을 위한 기업의 역할은 지속가능경영이라는 개념으로 발전하게 되고 후속 조치로 국제기구들은 기업경영에 대한 구체적인 가이드라인을 제시하기 시작한다. 1997년 창설된 Global Reporting Initiative (GRI)는 기업에게 지속가능보고서를 작성해 공시할 것을 권고했고, UN Global Compact에서는 경영자가 준수해야 할 환경, 노동, 인권, 반부패의 4대 분야의 10대원칙을 마련한 바 있다. 또한 ISO(국제표준화기구)에서는 각 분야의 사회적 책임 관련 협약과 선언을 집대성하고 거버넌스[2], 노동관

2 거버넌스라는 개념은 국가경영 및 공공경영에서 처음 제시되었는데, 조직에서 주어진 자원 내에서 이해

행, 인권, 공정한 운영 관행, 환경 등 7개의 핵심주제로 구성된 표준을 제시하면서 기업들의 자발적인 참여를 권장하고 있다. 한편, 2015년 UN총회는 SDGs(Sustainable Development Goals)[3]라는 지속가능발전목표를 제시한 바 있다.

이러한 제안들에서 두가지 점이 주목된다. 첫째는 사회 내에서의 기업의 역할이 과거와는 다른 보다 넓은 범위로 제시된 것이다. 기업은 환경적 및 사회적 문제를 제거하고 예방하는 관점에서 한 걸음 더 나아가 기업의 사회에 대한 긍정적인 기여를 통해 모두가 함께 더 나은 삶을 살기 위한 포용적 성장에 기여해야 한다는 것이다. 특히 UN의 지속 가능한 발전목표에서는 이러한 사회 전체의 발전을 위해 기업이 보유하고 있는 지식, 전문역량, 기술, 자원의 활용과 공유를 통해 사회문화적 개혁을 선도해 주기를 요청하고 있다. 둘째 이 가이드라인들은 기업에게 보다 포괄적인 사회적 책임을 수행하기 위한 전사적인 활동을 요구한다. 이러한 원칙들은 사회적 문제 및 환경적 문제뿐만 아니라 기업의 내부적인 경영이슈(인권, 운영 관행, 노동자 문제, 거버넌스 등)를 포함하고 있어 기업은 전사적인 관점에서 지속가능경영을 위한 운영시스템을 구축해야 한다.

관계자들이 책임감 있는 의사결정을 수행할 수 있게 하는 장치를 의미한다. 이를 기업에 적용하면 기업지배구조가 되는데, 주주, 이사회 및 이해관계자들 간의 상호관계를 규정하는 매커니즘이 된다. ISO는 기업의 사회적 책임에 거버넌스 문제도 포함시키고 있다.

3 지속가능한 지구의 발전을 위한 국제적인 약속으로, '현재를 살아가는 우리의 필요를 채우면서도 미래세대가 자원을 사용하고 성장할 수 있도록 하자'는 지속가능한 발전의 개념을 구체화시켜 2015년 세계 유엔회원 국가들이 모여 합의한 17가지 목표를 의미한다.

〈그림 2〉 UN의 지속 가능한 발전 목표(Sustainable Development Goals)

단계	내용
1	빈곤종식
2	기아종식, 식량안보와 농업증진
3	보건 및 웰빙 증진
4	교육보장, 평생교육기회 증진
5	성평등 달성, 여성역량 강화
6	물과 위생시설 접근성 향상과 관리
7	에너지 접근 보장
8	경제성장 촉진, 일자리 증진
9	인프라시설 구축, 산업화와 혁신 증진
10	불평등 감소
11	지속가능한 도시와 거주지 조성
12	지속가능한 소비와 생산양식 확립
13	기후변화 대응
14	해양자원 보존과 지속가능한 이용
15	육상생태계 보호와 지속가능한 이용
16	평화로운 사회증진과 제도 구축
17	이행수단과 글로벌파트너십 강화

4) 기업의 사회공헌활동이 경제적 성과를 줄이는 것은 아닐까? 경제적 성과와 사회적 가치를 함께 달성하는 방안(CSV: creating shared value라 칭함)이 제시되다.

경영학 분야의 석학인 하버드 대학의 포터(Porter) 교수가 공유가치 창출개념을 소개하면서 사회공헌활동은 전략적 차원에서 기획되기 시작했고 미래 성장을 위한 동력으로 활용된다. 포터 교수에 따르면 기업은 사회적 문제에서 사업기회를 발견할 수 있고 이를 해결하면서 경제적 성과와 사회적 가치 제고를 함께 달성할 수 있다고 제안한다.

기업이 사회에 미치는 다양한 영향을 의식하고 일부 기업들은 사회공헌활동을 시작했지만, 초기 활동은 사회적 요구를 수용하는 자선적 의미였다. 따라서 기업이 창출한 이윤 중 일부를 책정해 사회공헌활동을 전개해 왔다. 많은 경영자들은 사회공헌활동을 사업을 운영하는 비용으로 간주해 왔다. 특히 주주들은 과도한 사회공헌활동 예산이 자신의 이익에 도움이 되지 않는다고 평가할 수 있다. 다만 기업의 사회공헌활동은 기업이 창출한 이윤의 일부를 사회에 환원(주로 장애인, 빈곤층, 취약계층을 대상)하는 것으로 공중과의 우호적인 관계를 형성하는 것이 수단이 될 수 있기 때문에 이러한 활동이 어느 정도 수용될 수 있었다.

자선적 사회공헌활동은 기업 이미지 개선에 긍정적인 영향을 미칠 수 있지만 빈곤층이나 소외계층의 삶을 더 좋게 만들기는 쉽지 않다. 기업들의 자선적 사회공헌활동은 초기 수요자의 관점이 아닌 공급자의 관점에서 진행되었고 사회공헌활동이 전개되는 범위는 주어진 예산 내에서 제한적으로 집행되기 때문에 전반적인 사회적 불균형을 해소하기 어려울 수밖에 없다. 이 시기 빌 게이츠는 기업이 사회공헌활동을 전개함에 있어 새로운 관점이 필요하다고 제안한 바 있다. 빌 게이츠(Bill Gates)는 2008년 다보스 포럼에서 창조적 자본주의를 제안하면서 이 개념에서 기업은 경제적 이익을 극대화하면서도 소외된 사람들에 대한 관심을 가져야 하는데, 이를 위해서는 기업이 창출한 이윤이 소외된 사람들에게 효율적으로 사용될 수 있는 인센티브 시스템을 구축할 필요가 있다고 제안한다. 같은 맥락에서 비숍 & 그린(Bishop & Green, 2008)은 박애적 자본주의(philanthrocapitalism)[4]를 제안한 바 있는데, 박애사상은 인간존중을 바탕으로 사회적 평등을 강조한다. 이들은 기업의 자선적 사회공헌활동을 자선에서 박애의 개념으로 전환시켰다. 과거 자선의 목적이 소외층의 현재의 어려움을 줄여 주는 것이라면, 박애의 목적은 조직적이고 체계적인 활동으로 그들의 근본적인 문제점을 해결해 주고 이를 통해 인간의 삶의 질을 향상(예: 학교 설립과 교육을 통해 근본적인 문제의 해결책을 찾고자 함)시키는 데 있다.

한편, 사회가 발전하고 복잡해지면서 보다 근본적인 사회적 문제점들

---

4 기업의 자선적 사회공헌활동의 목적은 소외층의 어려움을 줄여 주기 위해 지원하는 것이었는데, 두 학자들은 기업이 조직적이고 체계적인 활동으로 그들의 근본적인 문제점을 해결해 주고 이를 통해 인간의 삶의 질을 향상시킬 수 있도록 노력해야 한다고 제안한다.

(소득의 양극화, 빈곤층의 확대, 청년 실업의 등장, 대기업과 중소기업의 격차 확대 등)이 등장했다. 2008년 세계적으로 확산된 금융위기로 개인의 소유와 이윤추구를 전제하는 자본주의 시스템의 보완 필요성이 언급되기 시작했다. 칼레츠키(Kaletsky, 2010)는 '자본주의 4.0'이라는 저서에서 금융위기의 근본 원인 중의 하나로 인간의 탐욕을 제어할 수 있는 제도적 장치의 부재를 언급하고 있다. 시장 구성원의 자신만을 위한 자유로운 이윤추구는 항상 모두에게 이로운 결과를 가져다주는 것은 아니라는 것이다. 기업이 이러한 문제점들의 직접적인 원인제공자는 아니지만 책임에서 자유로울 수 없다.

기업은 전략적으로 사회공헌활동을 전개하는 방안을 찾기 시작했다. 소비자들이 인식하는 기업역량에 미치는 요인으로 기업이 소유한 전문성과 CSR 관련요소(기업의 사회적 역할에 대한 인식)가 있는데, 최근 연구는 잘 기획된 사회공헌활동은 소비자들의 기업역량 평가에 긍정적으로 영향을 미치고 있음을 확인하고 있다(Bhattacharya and Sen 2003; Sen and Bhattacharya 2001). 이러한 연구결과들은 경영자에게 사회공헌활동을 전략적인 측면에서 기획하는 계기를 마련해 주었다. 이때부터 기업은 사회공헌 활동을 비용이 아니라 투자로 보기 시작했다.

이러한 전략적 관점을 공유가치창출이라는 개념으로 승화시킨 학자들이 있다. 포터 & 크레이머(Porter & Kramer, 2002)는 사회공헌활동의 전략적 요소를 인식하고 이를 통한 경쟁우위를 확보해야 한다고 제안한다. 이어 그들(2006)은 첨단기술의 등장으로 기업과 사회가 서로 연결된 공동체로 발전하면서 상호의존성을 갖고 있어 경영자는 기업의 내부적인 요소가 사회적으로 미치는 영향(inside-out)과 사회적 환경이 기업의 경쟁력에 미치는 영향(outside-in)을 함께 고려하는 통합적 사고를 해야 함을 강조하면서 전략적 CSR을 제안한 바 있다. 그들에 의해 전략적이고 통합적 사고를 통한 사회공헌활동 전략은 공유가치창출(creating shared value)이라는 개념으로 발전된다. 포터 & 크레이머(Porter & Kramer)에 따르면 기업은 사회와의 상호의존성을 인식하여 선순환의 고리를 발견함으로써 기업이 추구하는 경제적 가치와 사회적 가치가 공유될 수 있다. 이러한 공유가치창출의 발전과정은 〈표 1〉에 요약되었다. 이들이 제안하는 CSV가 과거의 사회공헌활동과 다른 점은 창출한 이윤 중 일부를 환원하는 것이 아니라 사회적 가치를 제고할 수 있는 사업을 개발(전담 부서가 아닌 전사적인 차원에서 전개됨)함으로써 이윤창출과 사회적 기여를 함께 달성하는 것이다. 그들은 이를 위한 방법으로 새로운 시장 개척, 가치사슬에서의 새로운 차원의 경쟁차원 발견, 다양한 구성원들과의 산업 클러스터를 구축을 제안한 바 있다.

〈표 1〉 포터 & 크레이머(Porter & Kramer)가 제시하는 공유가치창출 개념의 발전과정

구 분	내 용
2002	사회공헌활동을 통한 경쟁우위의 확보 고려요소 : Factor condition Related supporting industries Context for strategy and rivalry Demand condition 사례 : Cisoco Networking Academy
2006	기업과 사회가 분리된 객체에서 하나의 공동체로 인식(기업과 사회의 상호의존성) 통합적 사고의 필요성(Inside-out & Outside-in) 사례: Whole Foods Market 의 건강식품
2011	공유가치창출을 통한 기업과 사회의 선순환 고리의 발견 방법 : 제품과 시장의 창출 생산성에 대한 재정의 협력적 클러스터의 구축 사례 : Wal-Mart, Johnson & Johnson

CSV라는 개념이 소개되자 학계와 업계는 CSR과 CSV가 서로 다른 것인가 또는 CSR이 CSV로 진화되는 것인가에 대한 논쟁을 한 바 있다. 저자가 이 두 개념의 공통점과 차이점을 요약해 보면 다음과 같다.

두 개념은 모두 기업에게 사회 내에서의 능동적인 역할을 요구하고 있다. 능동적인 역할은 이윤창출과 사회적 문제해결이다. 다만 이러한 역할을 담당하는 과정에서 차이점이 발견된다. 과거 CSR 활동은 기업이 창출한 이윤 중의 일부를 사회공헌활동으로 책정해 사회적 가치를 제고하는 활동을 전개하는 것이었다. 따라서 기업은 CSR 활동을 전담하는 팀을 구성하고 이를 전략적으로 수행하는 방법을 개발해 왔다. 즉, 기업의 우선적인 목표는 이윤을 창출하는 데 있고 사회적 역할은 창출한 이윤을 바탕으로 전개되기 때문에 기업의 사회적 역할이 전사적인 차원에서 고려되지는 않았다. 그러나 CSV 사업은 특정 팀에 의해 전담되는 것이 아니라 구성원 모두가 참여하게 된다. 신사업을 개발하거나 기존 사업을 수행하는 모든 구성원들은 사업에서 사회적 가치를 발견할 수 있다. 오히려 CSV 개념은 사회적 문제해결 또는 공유가치창출을 통해 기업이 성장할 수 있는 기회를 확보할 수 있다고 제안한다.

〈그림 3〉 공유가치창출을 통한 새로운 성장기회 확보

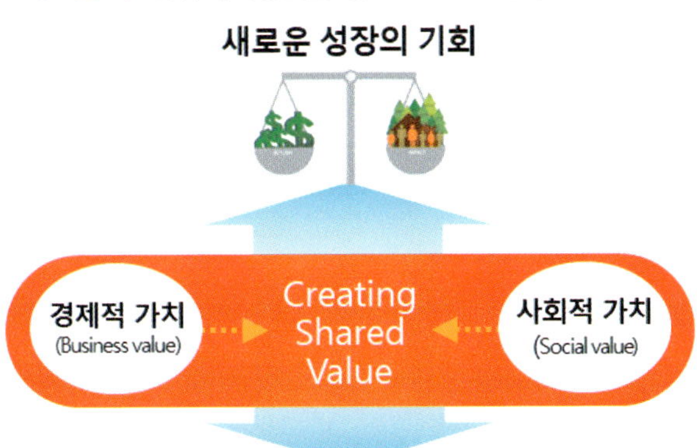

5) 왜 ESG가 화두가 되고 있는가? 기업의 역할에 대한 투자자의 구체적인 요구가 시작되다.

기후변화로 인한 생태계 파괴가 자주 목격되면서 환경과 관련된 리스크가 주목받게 된다. 그에 따라 사회 구성원들이 기업 활동에 내재화되어 있는 환경적 리스크(환경을 훼손할 수 있는 가능성)에 관심을 기울이게 되면서 ESG(Environment, Social, Governance) 이슈가 등장했다.

ESG의 등장 배경: 지속가능발전이 제시하는 Triple Bottom Line(경제적 성과, 사회적 가치, 환경적 가치) 중 특히 환경에 관한 관심이 높아졌다. 이미 오래전부터 대기오염, 자원고갈 등의 재난이 목격되어왔고 특히 기후 변화에서 오는 위기는 이미 오래 전부터 환경전문가들에 의해 제기되어 왔다. 지금까지 우리 세대는 자연환경이 제공하는 이점을 잘 활용해 편리한 삶을 도모해 왔지만, 미래 세대도 이러한 자연환경을 잘 영위하면서 살아갈 수 있을지에 대한 의문이 생기기 시작한 것이다.

환경에 대한 경고의 출발점은 1972년 UN에서 제기한 인간환경선언이라고 볼 수 있고, 1987년 환경경제학자들은 우리의 공동 미래(our common future)를 제시하면서 환경적으로 건전하고 지속가능한 발전(ESSD)을 제시한 바 있다. 이후 1992년 브라질 리우의 유엔환경개발회의(UNCED)에서 성장이나 개발을 위해 자연환경이 과도하게 사용되는 것에 대한 우려를 표시하였다. 이때까지 자연환경은 구성원들(국가, 기업, 일반 국민 등)에 의해 사용되는 공공재의 성격을 갖고 있었다. 자연환경은 한정되어 있지만 적절한 수준에서 사용되면 환경의 자정 능력으로 보존될 수 있다. 하지만 과도하게 사용될 때 환경이 인간에게 제공하는 가치는 감소할 수밖에 없다. 특히 기업이 경영활동을 하면서 한정된 자원을 과도하게 사용하면서 여러 가지 문제점(오염, 폐기물, 산림황폐화, 자원고갈, CO2 배출 등)들이 부각된 바 있다.

최근 자주 목격되고 있는 기후변화(또는 지구온난화)에 따른 생태계 파괴 현상은 이제 우려가 아닌 현실적인 문제가 되고 있다. 지구온난화는 온실가스의 농도가 높아지고 이에 따라 지구의 온도가 상승하는 것으로 그에 따라 자연재해(태풍, 폭염, 가뭄, 홍수 등)의 발생 빈도가 증가하고 있고 생태계의 파손(오존층 파괴, 빙하의 감소에 따른 수온 상승 등)도 현실적인 문제가 되고 있다. 예를 들어 태평양 및 인도양의 작은 섬나라 국가들이 지구온난화로 인한 해수면 상승으로 존립이 위협받고 있고 이로 인한 기후난민 문제도 발생하고 있다. 여기서 더 중요한 점은 지구온난화가 자연적으로 발생되는 현상이 아니라 인간의 활동으로 인해 반복적으로 가속화되고 있다는 점이다. 그에 따라 1994년 온실가스 농도를 안정화시키기 위한 기후변화협약(UNFCCC)가 발표되었고, 교토의정서(1997)를 거쳐 파리협약(2015)에서 온실가스 배출량을 줄여 기온상승폭을 2도 이내로 저감하기 위해 197개국이 국가차원에서 자발적 감축 기여방안을 수립하는 것을 의무화하기로 했다. 최근 적지 않은 국가들은 탄소중립을 선언하고 있다. 최근 바이든 정부는 물론이고 우리나라 정부도 2030 국가온실가스 감축목표(NDC)와 2050 장기저탄소발전전략(LEDS)을 UN에 제출한 바 있으며 이러한 움직임에 대부분의 OECD 국가들이 동참하고 있다.

환경 관련 미래학자들은 기온 상승폭이나 탄소배출량이 적절한 수준으로 억제되지 않는다면 미래에 어떤 환경적 재앙이 닥칠지 모른다고 경고하고 있다. 자연환경을 보존하는 것은 미래 세대를 위한 것뿐만 아니라 현 세대의 문제가 되고 있다. 그에 따라 천연자원을 많이 사용하는 기업에게 부여되는 환경적 책임은 더욱 높아지게 되고 사회의 구성원들이 기업 활동에 내재화되어 있는 환경적 리스크(환경을 훼손할 수 있는 가능성)에 관심을 기울이게 되면서 ESG가 등장하게 된다.

> ESG는 투자자들이 중심이 되어 일반 기업들이 지속가능한 발전을 위한 사회적 책임에 반응하도록 유도하는 것이다. 투자자들은 과거 기업들의 경제적 성과(재무적 정보)들을 평가해 투자를 결정해 왔는데, 기업 가치에 결정적으로 영향을 미칠 수 있는 사회적 문제해결과 환경적 가치 보존을 위한 활동에 관한 정보(비재무적 정보)를 함께 평가해 성장 가능성이 높은 기업들에게 우선적으로 투자하겠다는 의지를 공개적으로 선언하게 된다. 그에 따라 마련된 ESG 가이드라인은 기업과 자본시장의 협력을 통해 기업에게 지속가능경영에 대한 인식을 높여주고 금융기관의 책임 있는 투자를 통해 바람직한 기업의 자본조달을 용이하게 해줌으로써 궁극적으로 기업의 수익률을 증대시키는 선순환을 유도한다.

경영자들에게 전하는 투자자들의 구체적인 요구(ESG): 지금까지 기업의 사회적 책임이 진화되는 과정과 이와 관련해 국제기구가 제안하는 지속가능한 발전(또는 지속가능경영)을 설명한 바 있다. 기업은 스스로 사회공헌활동을 전개해 왔고 이를 전략의 차원으로 승화시켜 왔지만, 사회의 발전보다는 기업의 경제적 성과를 내거나 성장을 위한 수단이었다. 또한 국제기구가 제안하는 다양한 가이드라인도 기업의 선택적인 사항이었고, 아직도 대부분의 기업들은 비재무적인 성과를 공시하지 않고 있다. 국제기기구가 법 제정을 통해 구속력을 행사할 수 없기 때문에 그 실효성은 기업의 동참여부에 결정된다고 보아야 한다. 아직도 대부분의 기업들은 이윤창출을 가장 우선적인 목표로 설정하고 있고 그 목적을 달성하는 데 도움이 되는 활동들에 주력하고 있다.

이런 시점에 기업 활동에 근본적으로 변화를 주는 ESG(Environment, Social, Governance) 이슈가 등장하게 된다. ESG에 대한 공식적인 논의는 2004년 코피 아난 전 UN 사무총장이 글로벌 연기금과 함께 사회적 책임투자원칙(PRI, Principles of Responsible Investment)[5]을 발표하면서 시작되었고, UN은 2006년 유엔책임투자원칙(UNPRI)을 통해 ESG 이슈를 고려한 사회책임투자를 장려한 바 있다. 이후 다양한 논의가 계속되었고 2015년 WFE(World Federation of Exchange: 세계 거래소 연맹)는 ESG에 대한 공시 가이드 라인을 발표하면서 환경관련, 사회관련, 지배구조관련 등 총 33개 항목을 상장기업의 공시내용에 포함시킬 것을 권고한 바 있다. WFE는 2018년 수정 버전을 발표한 바 있는데, 전 세계 35개 증권거래소가 채택하고 있다.

ESG는 투자자들이 중심이 되어 일반 기업들이 지속 가능한 발전을 위한 사회적 책임에 반응하도록 유도하는 것이다. 투자자들이 과거 기업들의 재무적인 정보만을 가지고 투자를 결정해 왔지만 기업 가치에 결정적으로 영향을 미칠 수 있는 기업지배구조 및 다양한 비 재무관련 정보를 확보해 성장 가능성이 높은 기업들에게 우선적으로 투자하겠다는 의지를 표명한 것이다. 상장기업의 환경, 사회 및 지배구조 관련 항목들이 공시되게 되면, 장기적 관점에서 기업 가치와 지속가능성에 영향을 주는 비재무적 요소도 함께 평가해 투자될 수 있고 그 결과 투자자들의 장기적 수익률 제고와 사회적으로 바람직한 기업 활동을 유도할 수 있게 된다. 최근 국민연금과 같은 연기금들은 ESG 기준이 취약한 기업에 대해 적극적인 주주활동 가이드라인을 만들어 보다 적극적인 활동도 예고하고 있다. 따라서 ESG 가이드라인은 기업과 자본시장의 협력을 통해 기업에게 지속가능경영에 대한 인식을 높여주고 금융기관의 책임 있는 투자를 통해 바람직한 기업의 자본조달을 용이하게 해 줌으로써 궁극적으로 기업의 수익률을 증대시키는 선순환을 유도할 수 있다.

투자자들이 투자를 결정할 때 가장 중요하게 고려하는 요소는 기업의 미래가치 또는 성과인데, 이러한 미래가치에 영향을 미치는 것으로 환경 및

5 UN에서 제안한 것으로 투자자들이 기업에 투자할 때 기업의 경제적인 성과뿐만 아니라 사회적으로 바람직한 활동을 하고 있는가를 종합적으로 평가해야 한다는 선언이다. 이 개념은 후에 ESG로 구체화되었다.

사회문제에 대한 기업의 리스크가 있다. 경영활동으로 자연환경에 부정적인 영향을 미친다면 그 기업은 환경적 리스크에 노출되어 있다고 보는 것이다. 따라서 기업들은 원활한 자본조달을 위해 ESG 가이드 라인에서 우수한 평가를 받아야 한다. 이를 위해 적지 않은 기업들이 ESG관련 위원회를 설치하고 운영시스템을 정비하고 있다.

1995년 G20는 금융안정위위원회(Financial Stability Board)를 운영해 기후 관련 재무정보 공개 태스크포스(TCFD: Task-force on Climate-related Financial Disclosure)를 구성했다. 이 조직은 2017년 이상기후 관련 물리적 위험과 저탄소 경제로 전환하는 과정에서 발생한 전환위험으로 구분하고 이들 위험에 대한 기회와 위험을 재무정보공개에 반영하기 위한 4대 영역(지배구조: 기후변화 위험에 대한 이사회의 감독과 이사진 역할, 경영전략: 기후 변화 위험과 기회가 경영전략에 미치는 재무적 영향, 리스크 관리: 기후관련 위험을 평가하고 관리하는 조직의 절차, 지표와 목표: 기후관련 위험과 기회를 평가하는 지표와 목표)의 공시 지침을 소개했다. 현재는 전 세계의 주요 투자자들이 지지를 선언하고 있는데, 2020년을 기준으로 전 세계 1,440개 기업 및 기관이 TCFD 참여를 선언하고 있다. 우리나라 환경부도 대기오염 물질 배출정보 관리위원회를 설치해 TCFD 지지를 선언한 바 있고 2020년엔 대한미국 정부가 탄소중립을 선언한 바 있다. 이와 함께 RE100(Renewable Energy 100%) 움직임도 활발하다. RE100은 재생에너지를 2050년까지 100% 사용해 환경을 보존하자는 것으로 현재 글로벌 기업들의 자율적인 참여가 활발하게 진행되고 있다. 이와 같이 기후변화에 대한 대응은 정부가 주도하는 단계에서 기업이 스스로 해법을 찾아야 하는 단계로 넘어가고 있다.

과거 국제사회가 제시한 지속가능경영을 위한 가이드라인은 사회적 문제에 초점이 맞춰져 있다면, ESG는 환경적 문제와 기업의 내부 경영 이슈를 부각시키고 있다. 이는 기업의 사회적 책임의 국제 표준인 ISO 26000이 제시하는 7개의 핵심 주제는 5개가 사회 관련 주제이고 나머지가 환경과 지배구조 관련 주제인 것과 비교된다. 과거 지속가능경영 가이드라인도 지배구조 문제를 언급하고 있지만 의사결정의 투명성, 이사회의 객관성, 다양한 사회 구성원의 참여로 국한되었다. 그러나 ESG에선 소유구조, 이사회의 구성과 활동, 감사제도, 관계사의 위험 수준 등에 대한 보다 포괄적이고 구체적인 정보의 공시를 요구하고 있다. 기업의 지배구조는 경영활동의 의사결정과정이 어떤 구조 하에 진행되는가와 관련된 것으로 경영활동의 출발점이다. 경영활동의 최상위 기구는 이사회이고 이사회의 구성은 주주총회에서 결정된다. 이사회는 모든 의사결정에 대한 책임을 지기 때문에 기업이 창출해야 하는 경제적 성과뿐만 아니라 사회적 가치 및 환경적 기여를 함께 고려한 경영전략을 승인해야 한다. 따라서 이사회는 사회적 요구를 반영할 수 있도록 구성되어야 한다. 그 구성과 결정사항들의 공개는 경영활동의 투명성을 높여주게 되고 가장 합리적인 의사결정을 유도할 수 있다. 따라서 ESG에서 지배구조 항목을 구체화하는 것은 경영방식의 변화를 유도하는 계기가 된다(표 2 참조).

〈표 2〉 ESG 경영시대가 요구하는 경영방식의 변화

과거 국내기업의 경영방식	ESG 시대가 요구하는 경영방식
경제적 성과만 고려되는 경영전략	사회적 기여(환경적 이슈 및 사회적 이슈)가 함께 고려되는 경영전략
의사결정의 비공개(폐쇄적 경영)	이사회 구성의 다양성과 의사결정의 투명한 공개(개방적 경영)
독자적인 관리	생태계 차원의 관리

과거 기업은 수익 가능성을 기준으로 투자해 왔고 이러한 결정은 이사회를 중심으로 결정되었으며 그 결정은 대부분 공개되지 않았다. 과거 국내 기업들이 고속 성장을 하는 과정에서 폐쇄형 경영(의사결정의 비공개), 주주 중심의 수익성을 추구하는 독자적 경영을 해 왔기 때문이다. 적지 않은 기업들이 지배구조 리스크를 안고 있다. 이제 기업은 수익 가능성 외에도 사회적 가치와 환경적 가치를 고려해 투자를 결정해야 하고 생태계 차원의 경쟁에 대비해야 한다. 국내 기업들 중 우수한 경영성과를 낸 기업들이 많음에도 불구하고 지배구조 순위는 아시아 지역에서도 높지 않은 편이다. ESG가 제시하는 지배구조를 포함한 비재무적 정보에 관한 공시는 바람직한 경영을 유도하는 기폭제가 되고 있다.

투자자들이 사회적 문제해결과 환경적 가치를 제고하기 위해 노력하는 기업들에게 우선적으로 투자하는 ESG 원칙은 기업을 변화시키는 동력이 되고 있다. 기업 활동에 필요한 자본조달을 위해 비재무적 활동을 공시하고 평가받아야하기 때문이다. ESG 이슈는 기업이 사회 내에서 담당해야 할 역할을 선택에서 필수로 바꾸고 있다.

ESG 등장이 기업에게 미치는 영향: 지속가능한 발전을 위한 기업과 투자자의 사회적 책임이 중요해지면서 세계적으로 여러 금융기관이 ESG 평가정보를 활용하고 있다. 2000년 영국을 시작으로 스웨덴, 독일, 캐나다, 벨기에, 프랑스 등 여러 나라에서 연기금을 중심으로 ESG 정보 공시 의무 제도를 도입했다. 그에 따라 글로벌 ESG 펀드는 미국과 유럽을 중심으로 확산되어 이미 1조 달러를 넘어서고 있고 국내는 아직 초기 단계이지만 여러 금융기관에서 활발하게 시도되고 있다. 초기 ESG 펀드는 사회적 책임이라는 명분에서 시작되었지만 이러한 펀드의 수익률이 일반 펀드보다 높게 나타나는 자료들이 보고되고 있다. 기업의 비재무적 공시가 진행됨에 따라 기업의 ESG 경영과 경제성과와의 관계도 실증적으로 분석되면서 고무적인 결과가 발표되고 있다. Bank of America는 2019년 과거 5년간의 자료를 통해 ESG 평가 지수가 우수한 기업이 그렇지 않은 기업보다 3% 더 높은 수익률을 나타냈고, Blackrock은 2020년 코로나 팬더믹 기간 동안 ESG 요소에 기반한 투자 포트폴리오가 더 빠른 수익률 회복을 기록했다고 보고하고 있다.

학계에서도 최근 자료를 통한 분석을 통해 기업의 지속가능경영 활동에 적극적인 기업들의 재무적인 성과는 그렇지 않은 기업보다 장기적으로 더 높아지고 기업위험이 감소한다는 연구결과를 발표하고 있다(민재형, 김범석 2019; 임현일, 최경진 2018). 한편, ESG 원칙을 수용하는 기업들은 안정적인 자본조달 외에도 다양한 효과를 기대할 수 있다. ESG 기준을 준수하는 기업들은 사회적 가치를 중시하는 고객들과의 갈등을 줄일 수 있고, 경영활동에 대한 공중의 신뢰를 확보해 다양한 이해관계자와의 우호적인 관계를 통해 새로운 사업기회를 확보할 수 있고(Stafford & Hartman 1997), 사회적 평판이 향상되어 더 우수한 직원을 채용할 수 있으며(Turban and Greening 1997), 지속가능성을 위한 혁신역량을 높일 수 있다.

기업의 재무적 및 비재무적 정보가 확보되고 이러한 정보들을 토대로 한 ESG 평가 지수가 기업의 재무적인 성과(수익률)와 펀드 수익률에 긍정적 영향을 미치는 결과가 발표되면서 투자자들은 투자 효과를 높이기 위해 기업의 비재무정보를 보다 적극적으로 활용하고 있다. 이제 기업들은 원활한 자본조달을 위해 ESG 가이드라인을 수용할 수밖에 없는 상황을 접하고 있다.

기업과 자본시장의 선순환을 유도하는 ESG가 작동되기 위해서는 금융기관, 정부 및 국회, 국제기구 등의 유기적인 협력이 이루어져야 한다. 무엇보다도 기업이 ESG 가이드라인을 준수하는 것이 비용이 아니라 미래 성장을 위한 동력임을 인식해야 한다.

ESG가 작동되는 주요 구성원: 사회적 책임투자원칙(Principles of Responsible Investment)은 투자자들이 ESG 가이드 라인을 잘 준수하는 기업에게 우선적으로 투자함으로써 기업이 사회 내에서 적절한 역할을 수행하는 것을 유도한다. 이러한 원칙이 준수되어 기업과 사회의 선순환을 유도하기 위해서는 여러 기관들이 함께 노력해야 하는데, 금융기관, 정부 및 국회, 국제기구 및 기업이 가장 중요한 구성원들이다.

금융기관은 기업에게 투자하는 기관(연기금, 자산운용사 등), 상장사에게 ESG 공시 가이드라인을 제시하고 의무화하는 증권관련 기관 등이 모두 포함된다. 만일 모든 투자자들이 책임투자원칙을 바탕으로 투자를 결정하면, 경영하는데 필요한 자금을 조달해야 하는 기업들은 이에 맞춰 경영해야 한다. 따라서 금융기관들이 책임 있는 투자를 위해 기업들의 ESG 성과를 평가할 수 있는 체제를 갖추고 있다. 지금까지 여러 투자자들이 관심을 보이거나 지지하는 지속가능 회계기준위원회(SASB) 기준, 재무정보공개 태스크포스(TCFD)의 권고안, MSCI(Morgan Stanley Capital International)의 평가지표가 제시되어 있지만, 지금까지 범용적으로 사용되는 국제기준은 없다. 일부 대형 자산운용사들은 자체적인 평가기준을 갖추어 평가를 통한 투자 의사결정을 하고 있지만 대부분의 기관들은 아직 이런 시스템을 갖추지 못하고 있다. 따라서 범용적으로 활용될 수 있는 ESG 평가지표가 개발되고 이에 대한 정보가 제공되는 것은 무엇보다도 중요한 과제이다.

정부와 국회는 기업의 비재무적 정보가 공개될 수 있는 방향으로 정책을 수립하고 법제화를 위한 노력을 해야 한다. 아직도 적지 않은 기업들은 재무적 성과(대차대조표와 제무재표)만을 공개하고 있고 비재무적 정보를 공개하는 것을 주저하고 있다. 무엇보다는 기업 활동과 관련해 정보가 공개되는 것이 경쟁력 향상에 도움이 되지 않는다고 판단하고 있고, 비재무적 정보를 공개하기 위해서는 이를 위한 시스템을 갖춰야 하는데 쉬운 과제가 아니다. 따라서 정부나 의회는 정책이나 법률에서 기업의 비재무적 정보가 자발적으로 공개될 수 있는 인센티브 제도를 개발할 필요가 있다. 비재무적 정보를 공개하지 않는 기업에 대한 제재를 강화하게 되면 이는 기업의 자발적인 참여보다는 제한적인 참여만 유도하게 될 것이다.

지금까지 UN과 같은 국제기구들은 지속 가능한 발전과 ESG를 유도하기 위해 기업경영시 준수해야 할 다양한 가이드라인을 제시하면서 중심적인 역할을 해왔다. 이러한 기구들의 노력으로 기업의 사회적 책임은 보다 포괄적으로 진화되어 왔고, 국가단위에서의 동참도 유도하고 있다. 향후 UN에서의 이와 관련된 논의는 보다 구체적인 수준으로 전개되어 기업의 동참을 유도하게 될 것으로 기대된다.

지속 가능한 경영 또는 ESG 경영을 실천해 기업과 사회의 선순환을 유도하는 주역은 기업이다. 앞서 언급한 금융기관, 정부와 국회 및 국제기구는 모두 기업의 자발적인 참여를 유도하기 위해 노력하고 있지만 이에 대한 참여 여부는 기업의 선택에 달려 있다. 아직도 기업은 이러한 권고안을 무시하고 과거와 같이 경영할 수 있다. 그런 기업들은 시대적 환경에 적응하지 못하고 도태될 것이다. ESG 경영은 선택이 아니라 생존을 위한 필수적인 요건인 것이다.

2. 다시 정의되는 기업의 목적

1) 주주이익 우선의 자본주의에서 이해관계자 중심의 포용적 자본주의로

전통적으로 기업의 목적은 투자자인 주주의 이익을 극대화하는 것이었다. 그러나 자본주의의 핵심이 주주 중심에서 이해관계자로 전환되고 있다. 즉, 기업은 의사결정시 주주의 이익만을 고려하는 것이 아니라 기업과 관계하는 이해관계자들의 이익을 함께 고려해야 한다. 이는 미래의 경영이 기업 간 경쟁이 아닌 이해관계자들로 구성된 생태계 경쟁으로 전환되고 있음을 의미한다.

전통적으로 기업의 목적은 주주를 위한 이윤창출 극대화였고 아직도 적지 않은 기업들은 아직도 이윤창출을 무엇보다 우선적인 목적으로 간주하고 있다. 그러나 최근 국제사회와 전문가들은 기업이 이윤창출만을 고려해 활동한다면 고객으로부터 외면당해 지속가능한 성장을 달성하기 어려울 것이라고 예측한다. 자본주의 시스템에서 가장 중요한 가정이 인간의 합리성이지만, 이윤을 추구함에서 나오는 탐욕이 바람직한 사회를 구현하기 위한 의사결정의 합리성을 제한할 수 있다. 그에 따라 국제사회는 기업들의 CSR 활동을 권하는 것에서 출발해 의무화하는 움직임으로 그리고 ESG 정보에 대한 공시를 제도화하고 있다.

기업의 책임 있는 경영을 국가적 차원에서 관리하기 위한 선언도 진행된 바 있다. 경제개발협력기구(OECD)는 오래전부터 다국적 기업에 대한 책임 있는 경영(Responsible Business Conduct)을 제안해 왔는데, 2018년 OECD 회원국 만장일치로 글로벌 기업들의 책임경영 가이드라인을 채택한 바 있다. 이는 국가 단위에서의 책임을 인식한 것으로 회원국이 기후변화나 포용적 성장에 대응하기 위해 적극적인 행동하기로 합의하였다는 점에서 의미가 있다. 이에 서명한 국가들은 국내연락사무소(national contact point)를 설치하고 상호 정보를 공유하고 있고 우리나라도 산자부에 사무소가 설치되어 있다.

이러한 논의들은 주주 중심의 자본주의 시스템을 보완해 이해관계자 중심의 자본주의 시스템을 제안하고 있다. 이해관계자 자본주의 개념이 논의되기 시작한 출발점은 프리먼(Freeman)이 제시한 이해관계자이론(stakeholder theory)이다. 이해관계자이론은 기업이 사업을 전개하면서 관계하는 모든 관계자들(종업원, 투자자, 미디어, 정부, 공급업체, 중간상, 지역 커뮤니티, 고객 등)과의 협력을 강조한다. 기업이 이윤창출을 위해서는 고객에게 전달하는 가치의 완성도를 높여야 하는데, 특히 고객과의 거래와 관계되는 구성원들(공급업자, 유통업자, 자본 조달기관 등)과 협력이 필요하고 이들과의 우호적인 관계를 구축하는 것이 장기적인 성과를 내는 방법이 된다(Barnett 2007; Pelosa and Shang 2011). 즉, 다양한 구성원들이 함께 협력해 더 큰 파이를 만들어 냄으로써 장기적으로 더 많은 이윤을 창출할 수 있다는 것이다. 이 이론이 바탕이 되어 지속가능경영과 ESG에서는 기업이 관계하는 이해관계자들과 포용적 성장을 추구해야 생태계 차원의 경쟁력을 확보할 수 있다고 제안한다.

이러한 제안들은 기업인들에 의해서도 수용되고 있다. 2019년 미국의 대표적인 기업과 금융기관이 참여한 BRT(Business Round Table)에서 경영자들이 기업의 목적을 스스로 재정의한 바 있다. 이 BRT에 참여한 기업들은 기업의 목적이 경제적 가치의 극대화에만 있는 것이 아니라 이해관계자들(주주, 직원, 고객, 협력사, 사회공동체 등)을 위한 가치 창출에 있다고 선언했다. 이는 기업들 스스로 과거 활동의 좌우명으로 받아들여져 왔던 주주이익 최우선 원칙을 포기한 것으로 기업의 목적이 새로운 방향으로 진화되고 있음을 보여준다. Financial Times도 자본주의 개념이 변화되고 있음을 일면 기사로 게재한 바 있고, Fourtune과 같은 경제전문지는 우수한 기업 및 존경받는 기업에서 세상을 바꾸는 기업을 평가해 발표하고 있다. 2020년 다보스 포럼은 주주 자본주의에서 이해관계자 자본주의로의 패러다임 전환을 선언하고 지구촌의 모든 구성원들이 지속가능한 세상을 구현하기 위한 포용적 성장을 추구해야 한다고 제안한 바 있다. 이어 BoA, 네슬

레, IBM 등 61개 글로벌 기업들은 다보스 포럼이 제시한 이해관계자 자본주의 지표(Stakeholder Capitalism Metrics)를 경영의 핵심지표로 사용한다고 선언하고 있다.

이해관계자 자본주의는 기업의 이윤추구를 포기하자는 개념이 아니다. 공유, 참여, 협력의 새로운 패러다임이 요구되는 미래 사회에서 기업은 다양한 이해관계자와 협력해 생태계 차원의 성장을 추구해야 하고 이를 통해 확보하는 이윤을 생태계 차원에서 적절하게 배분함으로써 궁극적으로 이윤극대화가 달성될 수 있음을 의미한다.

2) 기업은 새로운 경영 패러다임으로 미래 성장을 추구해야

과거 많은 기업들이 CSV, 지속가능경영을 선언하고 더 좋은 세상을 만드는데 기여할 의지를 보여왔지만, 이직 구체적인 성과가 나타나고 있다고 평가되기 어렵다. 전사적인 운영시스템이 작동되지 않기 때문이다. ESG 운영시스템의 구축은 1) CEO의 기업 미션 및 비전 재정립, 2) 재정의 된 비전 및 미션의 공유와 전사적 운영시스템 구축, 3) 측정 및 평가 시스템 구축, 4) 창의성과 혁신역량의 제고의 순서로 진행되어야 한다.

기업의 경영활동에서 가장 중요한 영역이 자본조달이다. 자본이 조달되어야 사업을 할 수 있기 때문이다. 자본을 투자하는 기관이나 개개인이 기업 사회지향성을 평가해 투자를 결정하게 되면, 기업은 자본조달을 위해 지속가능성을 고려해 경영활동을 전개해야 한다. 과거 CSR, CSV 및 사회공헌활동이 기업의 선택에 관한 사항이었다면, ESG 경영은 선택이 아닌 미래 생존을 위한 가장 중요한 전략적 요소로 통합되고 있다. ESG 시대에 국내 기업들의 미래전략은 전사적이고 체계적으로 진행되어야 한다. ESG 운영시스템의 구축은 1) CEO의 기업 미션 및 비정 재정립, 2) 재정의 된 비전 및 미션의 공유와 전사적 운영시스템 구축, 3) 측정 및 평가를 통한 운영시스템의 구축, 4) 창의성과 혁신역량의 제고의 순으로 진행될 수 있다.

CEO의 기업 미션 및 비전 재정립: ESG 경영의 첫 걸음은 최고경영자가 사회 구성원들이 요구하는 가치와 조화를 이루는 기업 미션과 비전을 재정립하는 것이다. 과거 기업가들은 불확실성에서 오는 위험을 감수하면서 혁신적인 경영활동을 통해 주주의 이윤을 극대화(또는 가치를 창출)해 왔다. 미래 사회가 요구하는 기업가정신은 주주만을 위한 이윤창출이 아니다. 이제 경영자는 기업과 사회의 상호의존성을 인식하여 다양한 구성원들과 협력해 사회적으로 바람직한 가치를 창출하고 이를 통해 창출되는 이윤을 이해관계자에게 적절하게 배분해야 한다. 첨단기술로 급변하는 4차 산업혁명시대에 기업가들은 기업의 미션과 비전에 사회적인 가치를 담아야 한다. 세계적인 기업이 된 아마존, 애플, 구글, 테슬라, 마이크로소프트 등은 모두 위험스러워 보이는 사업을 도전하는 데서 시작되었고 다양한 이해관계자들과의 협력 모델을 정착하는 과정에서 경영자의 창의성이 발휘되어 성장했다. 그리고 무엇보다도 먼저 그들이 개발한 사업들은 소비자들의 삶을 풍요롭게 만들면서 더 좋은 세상을 만드는 사회적 가치를 내재하고 있었다. 환경적 가치를 내재한 전기자동차 개발을 통해 글로벌 기업으로 도약하는데 성공한 테슬라의 머스크는 이제 새로운 우주 사업에 투자하고 있다. 전자상거래를 통해 편리한 생활을 제공하면서 세계 최고 수준의 기업을 만드는데 성공한 아마존의 베조프는 2021년 조기퇴진과 함께 새로운 신사업에 대한 도전을 선언했다. 그는 우주산업, 환경과 관련된 새로운 꿈을 꾸기 시작한 것이다. 인간의 삶을 더 풍요롭게 만드는 것이 사업의 목적이 되어야 한다.

전사적 운영시스템 구축: CEO가 정립한 미션과 비전은 전사적으로 공유되어야 한다. 과거 많은 기업들이 사회공헌활동을 전개할 때 전담팀을 구성해 예산을 배정하고 집행한 바 있다. 이 경우 사회공헌활동은 전담팀에 의해서만 진행되기 때문에 기업이 추구하는 사회적 가치가 모든 종업원들과 공유되지 못했고 대부분의 사업팀들은 이윤창출만을 고려해 의사결정하게 된다. 최근 ESG 이슈가 부각되면서 국내기업들이 최근 지속가능경영 또는 ESG경영을 담당하는 전담부서를 신설하고 전담인력(예: CSO: chief sustainability officer)을 영입하기 위해 분주히 움직이고 있지만 아직 걸음마 수준이다. ESG는 회사의 지배구조와 관련된 활동의 공개와 투명성을 요구한다. 이에 부응해 일부기업들은 윤리위원회 또는 준법위원회(compliance committee)를 설치하고 기업의 전반적인 운영을 점검하기 시작하고 일부 기업들은 ESG 위원회를 설치해 이사회 활동과 연동시키기도 한다. 이는 진일보한 모습이지만 이들 위원회의 활동이 제한적이기 때문에 역시 한계가 있다. 이제 CEO의 가장 중요한 역할은 기업이 추구하는 가치, 고객과 사회가 요구하는 가치가 조화를 이룰 수 있는 미션을 구체화하고 가이드라인(예: 윤리헌장, 행동강령 등)을 마련해 전 직원과 공유해야 한다(유창조 2012). 기업의 모든 구성원들이 사회적 가치를 고려한 의사결정을 해야 한다.

측정 및 평가시스템 구축: 세 번째로 기업은 측정 및 평가시스템을 갖춰야 한다. 기업이 윤리헌장과 윤리강령을 마련하더라도 실제 업무에서 반영되지 않으면 구호에 그칠 수밖에 없다. 따라서 전사적 운영시스템의 작동은 ESG 성과의 측정에 달려 있다. 최근 지속가능경영 및 ESG경영관련 다양한 지수가 제시되어 왔는데, 각 기업은 사업 환경에 맞는 가장 적절한 측정시스템을 구축해야 하며, 측정된 결과가 각 사업팀의 성과로 평가되어 보상에 반영되어야 한다. 각 사업팀의 성과가 측정되고 평가되면 새로운 사업을 계획할 때 회사가 추구하는 다양한 가치의 조화를 고려해 의사결정을 내릴 수 있다. 이때 비로소 전사적 운영시스템이 작동되는 것이다.

창의성과 혁신역량의 제고: 마지막으로 기업은 지속 가능한 성장을 위한 창의성과 혁신역량을 높여야 한다. 시장이 융합되면서 시장경계가 허물어지고, 초 지능으로 개인의 역량한계가 극복되며, 기존 사업자가 아닌 새로운 사업자와 경쟁해야 하는 4차 산업혁명 시대에 기업은 새로운 사업을 창의적이고 혁신적으로 구현해야 한다. 그리고 새로운 사업은 기술이 아닌 고객의 가치 중심으로 설계되어야 한다. Teiseira and Piechota(2019)는 파괴적 혁신의 주범이 기술이 아니라 고객이라고 주장한다. 그에 따르면 기업은 기존의 가치사슬을 분리하고 고객이 원하는 가치를 중심으로 재설계해 고객 중심의 혁신을 추구해야 한다는 것이다. 생태계 또는 가치 네트워크를 구성할 때 기업이 추구해야 할 또 다른 방향은 협력과 참여이다. 기업은 과거의 내부 경영에서 탈피하여 외부의 기술이나 아이디어를 적극 활용하는 가치 네트워크를 구성해 고객에게 전달하는 가치의 완성도를 높여야 한다. 코틀러(Kotler, 2010)는 미래의 경영전략으로 공동창조(co-creation)[6]를 제안한 바 있는데, 이 개념은 고객과의 협력뿐만 아니라 산업 내의 다양한 기관들과의 협력으로 확대될 수 있다. 다양한 구성원들의 협력과 참여모델은 이미 플랫폼을 통해서 진행 중이다. 자원과 기술을 공유하는 혁신플랫폼과 생산자와 소비자를 연결하는 거대한 시장 플랫폼의 등장이 좋은 예이다. 미래 산업에서 기업들은 플랫폼을 중심으로 사회적 가치를 구현하는 생태계 차원의 경쟁을 하게 될 것이다. 이러한 플랫폼을 통해 다양한 구성원들이 협력하는 생태계 경쟁은 이해관계자 자본주의가 구현되는 촉매제 역할을 하게 되고 생태계에 속한 구성원들은 사회와 함께 포용적 성장을 구현하게 될 것이다.

6 마케팅 분야를 개척한 코틀러는 4차 산업혁명으로 참여와 협력의 시대가 열리면서 기업에게 미래 마케팅 개념으로 플랫폼을 통한 기업과 고객의 공동창조를 제안하고 있다.

참고문헌

민재형, 김범석 (2019), “기업의 ESG 노력은 지속가능경영의 당위적 명제인가? 기업의 재무상태에 따른 비재무적 책임 향상 노력의 차별적 효과,” 경영과학, 36(1), 17-35.

유창조 (2012), “기업은 사회적 변혁의 주체,” 동아비즈니스리뷰, November Issue 1, 28-3.

임현일, 최경진 (2018), “기업의 사회적 책임과 기업 위험에 대한 실증연구,” 산업경제연구, 31(3), 791-815.

Barnett, M. (2007). “Stakeholder influence capacity and the variability of financial returns to corporate social responsi- bility,” *Academy of Management Review,* 32(3), 794-816.

Bhattacharya, C. B. and Sankar Sen (2003), “Consumer-Company Identification: A Framework for Understanding Consumers’ Relationship With Companies.” J*ournal of Marketing*, 67(April); 76-88.

Bishop, Matthew and Michael Green. (2008), *Philanthro-capitalism*, Bloomsbury Press.

Carroll, Archie B. (1991), “The Pyramid of Corporate Social Responsibility: Toward the Moral Management of Organizational Stakeholder,” *Business Horizons*, July-August, 10.

Friedman, Milton (1970), “The Social Responsibility of Business Is to Increase Its Profits,” *New York Times Magazine*, September 13, 1970.

Freeman, R. (1984), *Strategic Management: A Stakeholder perspective*, Boston; Pitman.

Kaletsky, Anatole. (2010), Capitalism 4.0: The Birth of New Economy in the Aftermath of Crisis, Public Affairs.

Kotler, Philip, Hermanwan Kartajaya and Iwan Setawan (2010), *Marketing 3.0*, John Wiley & Sons, Inc.

Peloza, John & Jingzhi Shang (2011), “How Can Corporate Social Responsibility Activities Create Value for Stakeholder? A Systematic

Review," *Journal of the Academy of Marketing Science,* 39, 117-135.

Porter, Michael E. Michael E. and Mark R. Kramer (2002), "The Competitive Advantage of Corporate Philanthrophy," *Harvard Business Review*, December, 5-16.

Porter, Michael E. and Mark R. Kramer (2006), "Strategy and Society: The Link between Competitive Advantage and Corporate Social Responsibility," *Harvard Business Review*, December, 78-93.

Porter, Michael E. and Mark R. Kramer (2011), "Creating Shared Value: How To Reinvent Capitalism and Unleash a Wave of Innovation and Growth," *Harvard Business Review*, January and February, 1-17.

Sen, Sankar and C.B. Bhattacharya (2001), "Does Doing Good Always Lead to Doing Better? Consumer Reactions to Corporate Social Responsibility," *Journal of Marketing Research*, 38(May), 225-43.

Stafford, E., & C, Hartman (1997), "Green Alliance: Strategic Relations between Business and Environmental Groups," *Business Horizons*, 39(2), 50-59.

Teixeira, Thales S. and Greg Piechota (2019), *Unlocking the Customer Value Chain: How Decoupling Customer Disruption*, Random Audio House.

Turban, D. B. and D. W. Greening (1997), "Corporate Social Performance and Organizational Attractiveness to Prospective Employees," *Academy of Management Journal*, 40(3); 658-672.

제2부

소비자가 기업 활동에 참여할 때 나타나는 성과: 사례와 시사점

최근 기업의 사회공헌활동에서 고객의 참여를 유도해 우수한 성과를 낸 다양한 사례들이 등장했다. 저자는 블랙야크가 제안하는 'PLUSTIC 패션' 프로젝트를 소개하고 블랙야크의 미래 과제를 제안하기에 앞서 이러한 사례들이 제시하는 시사점을 요약해 보았다. 블랙야크가 이러한 사례들의 시사점들을 잘 활용해 'PLUSTIC 패션' 프로젝트를 전개한다면, 플라스틱이 가져다줄 재앙을 더 효과적으로 예방할 수 있을 것이다.

저자가 소비행복을 연구해본 결과 우리나라 소비자들의 윤리의식과 친환경의식이 매우 높은 것으로 나타났다. 이러한 결과는 기업이 높은 수준의 친환경의식과 윤리의식을 갖춰야 함을 의미한다. 기업은 소비자의 요구에 맞춰 경영해야 하기 때문이다.

1. 높아지는 소비자 윤리의식과 친환경의식: 기업이 ESG 경영을 추구해야 하는 가장 중요한 이유

1980년대 디너(Diener, 1984)라는 학자는 주관적 안녕감(subjective wellbeing)이라는 개념을 중심으로 행복이라는 연구단위를 소개하면서 인간의 행복지수를 측정하는 척도를 개발한 바 있다. 이 행복지수가 인구통계변인 별로 또는 국가별로 비교되면서 다양한 논의가 진행되었다(이은경, 서은국, Chu, Kim, and Sherma, 2009; Diener and Diener, 1995; Diener and McGavran, 2008; Myers, 2000; Okun, Stock, Haring and Witten, 1984). 이런 시점에서 저자와 동료학자들(2013)은 소비자들의 소비에 따른 행복지수에 관심을 갖고 이를 개념화하는 연구를 진행한 바 있다.

인간은 하루를 보내면서 대부분 시간을 소비하는 데 쓰고 있다. 인간생활의 기본 조건인 의, 식, 주와 관련된 소비는 매일 일어나고 있고, 이 외에도 다양한 놀이를 하며, 미래를 위한 투자를 소비하기도 한다. 또한, 사람들은 자신만을 위한 소비뿐만 아니라 타인과의 관계를 위한 의례적인 소비(예: 경조사)를 하고 사회를 위한 기부나 봉사활동도 한다. 이와 같이 인간의 다양한 하루 일과를 소비라는 관점에서 해석한다면, 인간의 생활 비중에서 소비가 차지하는 비율은 매우 높을 것이고, 그렇다면 인간이 느끼는 행복 수준에 영향을 미치는 주요변수 중 하나는 소비라고 볼 수 있다. 소비자들이 소비를 많이 할수록 더 행복해한다는 연구 결과가 발표된 바도 있고(Hsee, Yang, Li and Shen 2009; Myers, 2000), 마케팅 측면에서 보면 소비자가 소비를 하면서 어느 정도의 행복을 경험하는지 확인해 전략 수립에 활용하는 것은 매우 중요한 과제가 될 수 있다. 그래서 소비행복 연구 프로젝트가 시작되었다.

소비행복 연구팀은 오랜 기간 논의를 거쳐 3가지 소비가치 차원을 개발하고 이를 바탕으로 9가지의 소비유형을 도출한 후 소비자들과의 면접을 통해 이 소비유형의 적합성을 확인하였다. 이와 같은 3가지 소비가치 차원과 9가지의 소비유형은 향후 소비행복을 연구하는 기본 토대가 되었는데, 각 소비유형을 간략히 소개하면 다음과 같다. 일상소비는 소비자들이 일상생활에서 필요한 소비 또는 기본적 소비이고, 놀이소비는 여가생활 및 문화생활을 위한 소비로 소비자들이 즐길 수 있는 소비이다. 재테크 소비는 노후생활 등과 같은 미래를 위한 소비이고 수집소비의 경우 취미로 자기만족을 위한 것이며, 외모 가꾸기는 아름다움이나 미를 추구하는 소비이다. 상징소비는 남에게 보여주기 위한 것 또는 과시적인 측면으로 또는 타인을 의식한 소비이고 의례소비는 대인관계나 사회적 교류를 위한 소비이다. 친환경 소비는 미래를 위해 환경을 고려한 소비활동(예: 친환경 제품을 구매)이고 윤리소비의 경우 사회를 위한 소비(예: 정확한 분리수거) 또는 나눔을 위한 소비활동이다.

〈그림 4〉 세 가지 가치 차원에 따라 구분한 소비유형의 특징

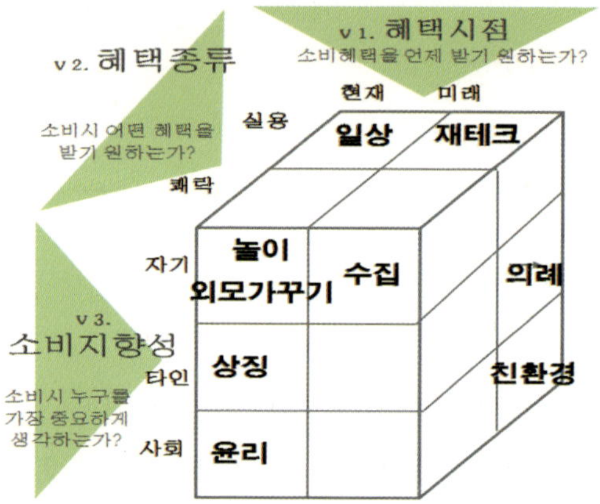

소비유형과 관계없이 전체의 소비행복 평균점수는 6.62점(-5~13점)으로, 중간점수(midpoint)인 4.75점보다 높았다. 이를 100점 만점으로 환산하면 67.84점이 되는데, 이는 서은국과 구재선(2011)이 측정한 한국인의 행복지수 평균인 63.22점보다 약간 높은 수치다. 따라서 소비자들은 일상적인 생활을 할 때보다 소비할 때 행복감을 더 느낀다고 볼 수 있다. 이 연구가 주목했던 것은 소비자들이 각 유형을 소비하면서 느끼는 행복수준이었는데, 소비유형별 행복점수를 비교한 결과 매우 흥미로운 결과가 나타났고 그 결과는 다음 〈표 3〉과 〈그림 5〉에 요약되어 있다.

〈표 3〉 소비유형별 소비행복

	평균(표준편차)	F	Bonferroni
일상소비	6.70(2.61)	51.81**	놀이 〉 수집, 외모, 윤리, 친환경 〉 일상, 재테크, 상징 〉 의례
재테크	6.56(2.78)		
의례소비	5.51(2.62)		
친환경소비	7.14(2.65)		
놀이소비	7.77(2.66)		
외모가꾸기	7.11(2.83)		
수집소비	7.15(2.71)		
상징소비	6.21(2.76)		
윤리소비	7.27(2.64)		

〈그림 5〉 소비유형별 소비행복

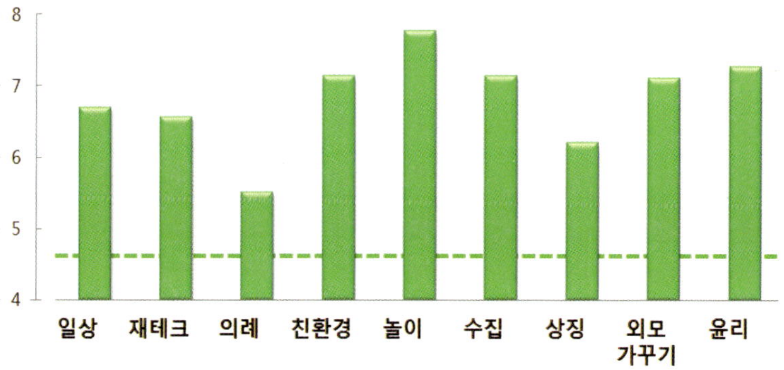

유형별 소비행복 점수는 모두 중간점수보다 높게 나타났는데, 이는 소비자들이 소비유형과 관계없이 소비 시 행복감을 느끼고 있음을 의미한다. 특히 소비자들은 여가 시간에 다양한 활동을 즐기는 놀이소비에서 가장 큰 행복을 경험했는데, 이는 사람들이 본인을 위한 자발적인 행위에서 즐거움을 느끼기 때문일 것이다. 반면 소비자들은 전통과 의례를 지키는데 필요한 의례소비를 할 때 상대적으로 가장 낮은 소비행복을 경험했다. 이러한 결과는 의례소비가 자발적인 소비행동이라기 보다는 습관과 전통에 의해 이루어져야만 하는 반강제적인 성격을 띠고 있기 때문으로 해석된다. 특히 한국인은 체면을 유지하는 것을 중시여기고 있음을 감안할 때 의무적으로 하는 행위에서 즐거움은 반감될 수밖에 없을 것이다.

윤리소비, 친환경소비와 수집소비 및 외모 가꾸기 소비를 할 때 소비자들은 높은 행복수준을 느끼고 있었다. 특히 윤리소비와 친환경소비를 할 때 행복수준이 높아진다는 점은 흥미로운 결과이다. 이는 국내 소비자들이 사회 전체의 만족을 고려하고 이를 중시하고 있음을 의미한다. 이러한 결과는 다른 나라 연구에서는 발견되지 않았는데, 우리 소비자들의 성숙한 소비문화를 보여주고 있다.

기업은 고객의 눈높이에 맞춰 경영해야 한다. 그렇다면 기업은 소비자들보다 더 높은 수준의 친환경의식과 윤리의식을 갖추고 이를 고객들에게 보여줘야 한다. 소비행복 관련 연구결과는 경영자들에게 중요한 시사점을 제공하고 있다.

시사점

Lesson 1: 소비자들의 높은 윤리의식과 친환경소비의식이 기업에게 주는 시사점

* 소비자는 제품을 구매하기보다는 가치(사회적 가치)를 경험하기 원한다.
* 높은 수준의 친환경의식과 윤리의식을 갖고 있는 소비자들은 기업에게 더 높은 수준의 친환경의식과 윤리의식을 요구하고 있다.
* 기업이 추구하는 가치가 소비자가 원하는 가치와 조화를 이루게 하는 것이 CEO의 가장 중요한 역할이다.

우리나라 소비자들이 놀이소비 다음으로 윤리소비와 친환경소비를 할 때 더 높은 행복감을 느끼고 있다는 결과는 기업 경영자들에게 매우 중요한 시사점을 제공하고 있다. 윤리소비와 친환경소비는 자신이 즐기기 위한 것도 아니고 주위 사람에게 과시하기 위한 것이 아니라 바람직한 사회를 향한 소비이다.

기업을 경영함에 있어 가장 핵심적인 요소는 고객 눈높이에 맞춰 경영활동을 설계하는 것이다. 이처럼 소비자들이 일상 소비생활에서 윤리성과 친환경의식이 높은데 기업이 경영활동을 함에 있어 윤리성을 갖추지 못하고 친환경을 위한 노력을 게을리 한다면 어떤 결과가 나타나게 될까? 당연히 소비자들은 그런 기업들 또는 브랜드들을 외면하게 될 것이다. 최근 윤리적이지 못한 경영자의 사생활이나 환경에 부정적인 영향을 미치는 기업 활동에 소비자들이 목소리를 내면서 냉정한 평가를 하고 있음이 자주 목격되고 있다. 기업이 국민정서에 부합하지 못하는 활동을 하게 되면 사업의 존속여부가 위협받는 세상이 된 것이다. 기업들이 윤리적인 경영시스템과 친환경을 위한 운영시스템을 갖추는 것은 더 이상 미룰 수 없는 가장 우선적인 과제가 되었다.

2012년 삼성경제연구소 보고서에 따르면 현재의 소비 환경의 특징 중 하나는 상생이다. 상생의 시대는 친환경 및 사회 친화에 관심이 높고 다양한 사회 이슈에 대해 의견을 표명하며 올바르게 쓰는 현상으로 연결된다고 보았는데, 이러한 소비자들의 변화는 소셜 슈머(SOCIAL+conSUMER)라는 새로운 소비자 유형을 탄생시켰다. 이는 개인 소비자의 만족뿐만 아니라 전체 사회의 혜택을 위해 의견을 개진하고 관철시키는 소비자로 제품 및 서비스가 담은 사회적 가치를 판단하여 구매하는 소비자를 말한다. 소셜 슈머는 제품구매를 통한 개인의 만족뿐만 아니라 사회 전체 이익을 증진시키는 것에도 높은 관심도를 보이고 있다. 소셜 슈머와 같이 '착한 소비'를 추구하는 윤리적 소비자들의 약 68%는 '윤리적 경영을 실천하는 기업의 제품의 가격이 조금 비싸더라도 구매할 의향이 있다'는 의사를 보였는데, 이러한 현상은 다음에 소개할 대의명분 마케팅을 등장하게 만들었다.

2. 소비자의 참여를 통해 경제적 성과와 사회적 성과를 함께 구현한 사례

기업들은 사회 내에서 요구되는 기업의 책임을 인식하기 시작하면서 다양한 사회공헌활동들을 제시해 왔다. 이 들 중에서 소비자의 참여를 유도해 우수한 성과를 낸 사례들이 있다. 아래에서는 이러한 소비자 참여형 사회공헌활동의 핵심과 시사점들을 요약하였다.

1) 기업이 제시하는 대의명분으로 소비자의 선택을 유도하는 대의명분 마케팅의 등장: 소비자는 명분 있는 가치에 호응합니다.

기업은 소비자가 구매하면, 구매 금액의 일부를 사회적 가치를 제고하는 기관에 기부하는 프로그램을 만들어 소비자들의 구매를 유도하기 시작했다. 이른바 대의명분 마케팅(cause related marketing)이 등장한 것이다. 대의명분 마케팅은 기업이 전개하는 사회공헌활동에 소비자의 참여를 유도하는 첫 시도였다.

기업의 사회적 책임에 대한 사회적 요구가 높아지면서 기업들은 전략적인 사회공헌활동을 전개하기 시작했다고 설명한 바 있다. 전략적인 사회공헌활동의 대표적인 사례가 대의명분마케팅이다. 대의명분마케팅은 기업이 특정 제품의 판매량에 비례하는 금액을 사회적 가치제고를 위해 기부하는 마케팅 방식을 의미하고 대부분 소비자의 구매와 연계된다. 기업은 제품이나 서비스에 적절한 사회적 명분을 담아 소비자들에게 제시(소비자 구매금액의 일부가 사회단체에 기부됨)하여 소비자의 구매를 유도할 수 있고, 소비자는 제품 구매라는 일상적인 소비생활을 통해 사회적 가치 향상에 기여하는 기회를 갖게 된다(이종식, 유창조, 2018). 기업은 구매 연계형 기부를 통해 자신들의 경제적 활동을 사회적 목적과 연계시키는 것 뿐 아니라 타

기업과의 차별성을 가질 수 있으며 대중들에게 보다 더 쉽게 다가갈 수 있다. 또한 구매연계형 기부는 기업뿐만 아니라 고객들에게도 다양한 이점을 제공한다. 우선, 고객들은 추가적인 비용부담이 없이 구매를 통해 기부할 수 있는 기회를 갖게 된다. 둘째, 고객들은 제품의 구매를 통해 고객 자신의 사회적 욕구를 충족시킬 수 있으며 동시에 자신이 사회에 기여하고 있다는 자부심을 가질 수 있다. 이 때 느끼는 고객의 자부심은 구매를 통한 기부 방식에 긍정적으로 반응하게 하고 후속적으로 기업이나 브랜드에 대해 긍정적인 태도와 구매의사를 형성하게 해준다(Boenigk & Schuchardt 2013; Chen, Su, & He 2014; Robinson, Irmak, & Jayachandran 2012).

〈사진〉 자유의 여신상 캠페인

이러한 대의명분마케팅은 1983년 아메리칸 익스프레스의 '자유의 여신상 캠페인'에서 처음으로 소개되었다. 아메리칸 익스프레스는 해당 캠페인 실행 기간 중 신규 고객 1인당 1달러, 고객들의 카드 거래 1회당 1센트를 적립하는 방식으로 캠페인을 진행하였으며, 이후 적립된 금액은 자유의 여신상 복원을 위해 기부되었다. 실제 아메리칸 익스프레스가 해당 캠페인에서 기부한 금액은 170만 달러에 이르는 것으로 알려져 있다. 또한, 고객들은 이 캠페인에 참여함으로써 미국의 자존심을 스스로 되찾을 수 있었다. 그 결과, 캠페인 기간 중 아메리칸 익스프레스의 카드 사용률은 27% 증가하였으며, 아메리칸 익스프레스는 미국을 대표하는 신용카드로서의 입지를 굳힐 수 있었다(동아일보, 2015. 05. 14).

국내에서도 잘 알려진 사례로 탐스슈즈가 있는데, 이 회사는 'Shoes for Tomorrow'라는 슬로건을 통해 소비자가 한 켤레를 구입하면 다른 한 켤레를 제 3세계 어린이들에게 기부하는 모델을 제시했다. 2006년 시작해여 2010년 이후 급성장하며 약 100만 켤레의 신발을 기부해왔던 탐스슈즈는 어린이들이 신발을 신지 않아 생긴 피부병, 또 병으로 인해 학습능력이 저하되는 문제들을 해결하고 있다. 처음에 아르헨티나 어린이 250명에게 신발을 나누어 주자는 소박한 규모의 출발이었지만, 스칼렛 요한슨과 같은 유명인사가 탐스 슈즈를 신으면서 창립 6개월 만에 1만 켤레의 판매를 기록한 바 있다. 2011년까지 5년 연속 연 300%의 성장을 달성하였고 동 기간 동안 기부한 신발의 수는 1,000만 켤레에 달했다.

이 외에도 코카콜라의 북극곰 살리기 'The Arctic Home' 캠페인은 기후온난화에 대한 사람들의 경각심을 높이고 북극곰을 위한 안전한 안식처를 만드는데 도움이 되는 기금을 모금하자는 취지로 시작되었다. 소비자가 북극곰이 그려진 코카콜라 한정판 캔을 구매하고 캔에 새겨진 코드를 문자로 전송하면, 코카콜라가 북극곰을 살리는 활동에 1달러를 기부한다. 이 캠페인엔 많은 소비자들이 참여해 총 300만 달러의 기금을 모으는데 성공하였다.

〈사진〉 탐스슈즈 'Shoes for Tomorrow' 캠페인

TOMS

For every pair you purchase, TOMS will give a pair of shoes to a child in need. One for One.

탐스슈즈는 고객이 신발 한 켤레를 구매할 때마다
한 켤레를 아이들에게 전달합니다.

Shoes for Tomorrow, TOMS Shoes.

탐스슈즈(TOMS Shoes)가 기증하는 신발은 작지만 의미 있는 변화를 만들고 있습니다.
나 자신만의 행복이 아니라 나를 넘어선 우리의 풍요로움을 지향하는 탐스슈즈는 한 켤레의 신발을
기부함으로 나눔이 있는 풍요로운 세상으로 한 걸음씩 다가갑니다.

탐스슈즈는 슈드랍(Shoe Drop)이라 명명된 신발 기부 행사를 연중 실시하고 있습니다.
지난 2006년과 2007년에는 아르헨티나와 남아프리카공화국에서 총 68,000여켤레의 신발을 전달하였고
특히 2007년 남아공에 기부 된 신발에는 한국에서 판매된 신발의 숫자가 더해져 의미를 더했습니다.
그리고 2008년에는 이 나라의 아이들과 더불어 에티오피아와 아이티공화국의 아이들에게도 신발을 기부하였고,
2009년에도 아르헨티나 아이들에게 신발을 전달하였습니다.

국내기업들도 대의명분 마케팅 활동을 전개해 왔다. 아모레퍼시픽의 '핑크리본 캠페인'은 여성들의 유방 건강에 대한 인식 개선과 유방 자가 검진과 조기검진의 중요성을 알리고 여성들에게 자신에 대한 긍정적인 마인드와 사랑에 대한 메시지를 전달하고자 시작되었다. 특히 이중 핑크 런 행사는 마라톤을 접목해 매년 5개 도시에서 개최되는데, 목적은 유방관리의 중요성을 알리고 유방암과 유방 건강에 대한 인식을 향상시키고 유방 자가 검진과 조기검진의 중요성을 널리 확산시키는 것이다. '핑크 런' 행사의 참가비는 1만원으로 2001년부터 32만 명 이상이 참가해 35억 원이 넘는 기부금을 한국유방건강재단에 전달하였으며 전 세계적으로 진행되는 핑크리본 캠페인에 참여하여 핑크리본 에디션의 제품을 판매하고 수익금 일부를 한국유방건강재단에 후원하고 있다. 핑크리본 캠페인을 통해 아모레퍼시픽은 여성의 건강하고 아름다운 삶에 기여하는 브랜드로 자리 잡고 있다.

적절한 대의명분 제시는 벤처기업의 존재를 알리는 효과적인 수단도 된다. 마리몬드는 인권을 위해 행동하고 폭력에 반대하는 라이프스타일 브랜드를 지향하는 소셜 벤처기업으로 '인간의 존귀함을 이야기한다'는 기업 미션하에 위안부 할머니의 삶을 재조명하기 위한 '꽃 프로젝트'를 실행하였다. 위안부 할머니들의 인생을 모티브로 한 분 한 분에게 적합한 꽃을 선정하고 해당 패턴을 반영한 팔찌, 목걸이, 핸드폰 케이스, 옷, 가방 등의 상품에 입혀 그 의미를 전달하고자 하였다. 특히 마리몬드에서 제작한 위안부 할머니의 작품은 작년 초 걸 그룹 '수지 폰 케이스'로 실시간 검색어 상위권에 올랐다. 단순히 제품 판매가 늘어난 것보다 위안부 할머니들의 삶이 브랜드를 통해 재조명되는 것이 더 큰 수확이었다. 사회적 기업 마리몬드가 하려는 브랜드의 가치가 세상에 알려지게 된 것이다. 마리몬드는 매출 100억을 목전에 두고 있으며 현재까지 17억 원 가량을 기부하는 등 고성장 중이다.

Lesson 2: 대의명분 마케팅 활동이 성공하기 위한 요건

* 소비자가 공감할 수 있는 명분이어야 한다.
  ==〉 기부금액의 크기보다 중요하다.
* 제시하는 명분과 브랜드의 정체성이 조화를 이루어야 한다.
* 기부에 따른 성과를 보여 주어야 한다.

대의명분마케팅은 기업이 사회공헌활동을 하면서 매출을 직접적으로 증가시키기 위한 방안으로 고안된 활동이다. 앞서 소개한 사례들은 브랜드가 적절한 사회적 가치를 제시함으로써 소비자들의 선택을 받는데 성공하였다. 그러나 대의명분제시가 항상 성공을 거두는 것은 아니다. 매출증대와 사회적 기여를 함께 달성하게 해주는 대의명분마케팅이 되기 위한 요건을 정리하면 다음과 같다.

첫째, 소비자가 중요하게 여기는 가치를 제시해야 한다. 앞서 소개한 자유의 여신상 캠페인이 성공을 거둔 이유는 복원을 통해 미국인의 자존심을 회복할 수 있는 기회를 주었기 때문이다. 북극곰 캠페인도 기후변화로 인한 생태계 문제가 사회적 이슈로 부각하던 시기에 시작되었다. 기업이 제시하는 대의명분에 소비자가 공감이 된다면 제시하는 기부금액은 문제가 되지 않는다. 자유의 여신상이나 북극곰 캠페인에서 개인별 기부금은 작았지만 많은 소비자들이 참여해 전체 기부금액이 커졌다.

둘째, 브랜드가 추구하는 정체성과 대의명분이 조화를 이루어야 한다. 마리몬드는 인권을 위해 행동하고 폭력에 반대하는 라이프 스타일 브랜드를 지향하는 소셜 벤처기업이고 위안부 할머니의 삶을 재조명하는 대의명분은 완벽하게 조화를 이룬다. 반면, 치킨 프랜차이즈 업체의 유방암 캠페인(Bucket for the one)은 소비자의 호응을 얻지 못했다. 유방암을 상징하는 핑크색 용기에 치킨을 담아 판매했지만 소비자는 치킨과 유방암과의 연관성을 발견하지 못했다. 회사 또는 브랜드의 정체성에 어울리는 대의명분이 선정되어야 한다.

마지막으로 회사가 제시하는 기부의 결과가 소비자들과 공유되어야 한다. 이를 위해선 회사가 기부과정을 투명하게 관리하고 공개해야 한다. 공개를 통해 기부금액이 커지는 것을 소비자들이 목격하게 되면 더 많은 소비자들이 참여하게 된다. 신차가 길거리에 다니는 모습을 자주 목격할수록 신차에 대한 구매의사가 높아지는 것과 같은 원리이다.

2) 소비자의 자발적 기부를 유도하는 선택형 대의명분마케팅의 등장: 소비자가 자발적으로 기부를 선택하면 열성적인 충성고객이 됩니다.

앞서 소개한 대의명분마케팅은 소비자는 구매하고 회사는 기부하는 모델이다. 즉, 소비자는 기부를 선택할 권한이 없고 제품을 구매하면 자동적으로 회사가 기부한다. 최근 소비자가 기부를 선택할 수 있는 새로운 모델이 등장했다. 미네워터와 폴란드 적십자사가 시도한 사례인데, 소비자들에게 구매 시점에서 자신의 기부를 선택할 수 있게 해 주면서 좋은 성과를 거둔 바 있다. 소비자가 기부를 자발적으로 선택하면 그에 따라 호의적인 후속 행동도 따라오게 된다.

(1) 미네워터 바코드롭 캠페인: 소비자가 원하면 물이 부족한 아프리카 소년들을 위해 제품가격에 추가해 100원을 낼 수 있어요!

대의명분마케팅 활동이 기업들에게 사회적 문제해결에 참여하면서도 매출 성과라는 두 마리 토끼를 잡는 효과를 보여주면서 국내외 많은 기업들이 명분의 종류, 기부방식, 기부금액 등 다양한 프로그램을 전개하고 있다. 이런 시점에 소비자 선택형이라는 새로운 유형이 등장했다. CJ제일제당은 2012년 '미네워터 바코드롭 캠페인'을 전개하면서 전통적인 대의명분마케팅을 발전시켜 소비자가 기부를 선택할 수 있는 모델을 개발했다. '미네워터 바코드롭 캠페인'의 주요 내용은 미네워터는 제품 패키지에 제품 구매 시 스캔할 수 있는 바코드 1개와 제품 구매와 동시에 기부를 선택할 경우 스캔할 수 있는 바코드 1개 등 총 2개의 바코드를 인쇄하였다. 구매와 동시에 직원에게 기부와 연관된 바코드 스캔을 요청할 경우 소비자는 제품의 가격과는 별개로 기부금액 100원을 추가로 지불하게 되고, 더불어 CJ제일제당과 편의점 프랜차이즈인 CU(구 훼미리마트)는 각각 100원씩을 추가로 기부하여 모두 300원이 물 부족을 겪는 아프리카 어린이들에게 생수와 식수 정화장치 구매 비용으로 지원된다. 과거의 경우 소비자는 구매만 하면 회사가 알아서 사회단체에 일정 금액을 기부하는 것이었는데, 소비자가 원하면 스스로 추가금액을 지불하면서 기부할 수 있는 기회를 제공해 준 것이다. 물론 회사는 소비자의 자발적 기부를 유도하기 위해 소비자가 기부를 선택하면 회사도 더 큰 금액을 함께 기부한다는 명분을 제시했다. 이 캠페인은 총 44만 건 이상의 고객 참여, 구매 고객 중 약 50%의 기부 참여와 더불어 지난해 같은 기간보다 매출이 2배 증가하는 성과를 달성한 바 있다(이종식, 유창조 2018).

〈사진〉 미네워터 바코드롭 캠페인 개념도

이 캠페인에서 주목할 점은 소비자가 제품만 구매할 수도 있고 자신의 기부를 선택할 수도 있다는데 있다. 과거 대의명분마케팅에 소비자의 기부는 없었다. 즉, 소비자는 제품을 구매함으로써 기업이 기부하게 만드는 것이다. 과연 기업이 소비자들에게 제품 구매시 추가비용을 부담하면서 기부를 선택할 수 있음을 안내하면, 이에 호응하는 소비자가 얼마나 될까? 이를 안내하는 기업을 비난하지는 않을까? 기업이 선택형 대의명분마케팅활동을 주저하게 된 중요한 이유이다. 그러나 미네워터 사례는 이에 호응하는 소비자가 적지 않다는 것을 보여줬다. 저자는 이 캠페인의 창의성에 주목하면서 이러한 반응이 일어나는 과정에 대한 실증적인 연구를 진행한 바 있다(보다 자세한 내용은 부록 참조).

연구결과 시장과 주위 사람에게 영향력을 행사하기 원하는 소비자들은 자발적으로 기부를 선택할 확률이 높았다. 그리고 소비자가 자발적으로 기부를 선택할 경우 그 제품에 대한 충성도 수준이 높아지고 다시 구매할 의사가 높아짐을 확인했다. 이는 소비자가 자발적으로 자신의 의지로 기부를 선택했기 때문에 나타나는 효과이다. 기업과 소비자가 함께 협력해 사회적 문제를 해결하는 새로운 모델이 등장한 것이다.

Ryan & Deci(2000)의 자기결정이론(self-determination theory)은 이러한 결과를 추론할 수 있는 근거를 제공해 준다. 자기결정이론(self-determination theory)에 따르면 남의 통제를 받지 않고 주체적으로 결정하는 자율성(autonomy), 자신의 능력과 기술을 개발하는 유능성(competence), 주위 사람들과 상호작용하기 원하는 관계성(relatedness)이 충족되면 내재적 동기가 높아지고 그에 따라 바람직한 성과가 발현될 수 있다. 선택형 대의명분마케팅의 경우 소비자들에게 자율성을 제공해 주고 선택함으로써 자신의 유능성(회사의 기부를 유도한다는 측면)과 관계성(소외계층의 지원)을 높게 인식해 자발적으로 참여할 동기를 느낄 수 있게 해 준다.

대의명분이 제시된 것은 아니지만 어떤 대안에 대해 자신이 스스로 결정하게 되는 효과는 그 후속 행동에서도 나타난다는 연구결과도 있다. 소비자들이 기업의 제품생산과정에 참여할 경우 소비자들은 그 제품에 대해 더 잘 기억하게 되고 자신의 이전 결정과 조화를 이루는 후속 행동을 보여준다는 것이다(Gawronski & Bodenhausen 2006; 박소진, 최낙환 2004). 예를 들어 Troye & Supphellen(2012)은 고객이 생산이나 서비스 과정에 적극적인 참여를 할 경우"I made it myself."효과가 발생하여 본인이 참여한 행사에 대해 후속적인 정보를 보다 적극적으로 처리하고 그 과정에서 브랜드에 대한 인지도가 높아지고 평가가 호의적으로 형성될 수 있음을 확인한 바 있다. 마찬가지로 정기원과 유창조(2019)는 소비자들이 단골 점포를 자발적으로 선택한 경우 그렇지 않은 경우보다 매장을 방문하는 횟수가 높아지고 방문 시 더 많은 금액을 구매하는 것을 실제 매장 자료를 통해 검증한 바 있다. 당시 회사는 회원고객들에게 단골 점포 등록여부를 안내하는 메시지를 발송하면서 단골 점포 등록여부를 소비자의 자율적인 선택으로 제시하였고 단골 점포를 등록하는 고객들에게 특별한 인센티브를 제공하지 않았다. 따라서 단골 점포를 선택한 고객들과 그렇지 않은 고객들의 차이는 단골 점포를 스스로 선택했는가에 있었다(보다 자세한 내용은 부록 참조).

(2) Very Good Manner Campaign: 식사하면서 식사 예절도 배우고 원하면 기부도 할 수 있어요.

폴란드에서 밥을 제대로 먹지 못하는 아이들이 4명 중 1명이라고 한다. 폴란드 적십자사는 이러한 아동결식을 해결하기 위해 꾸준히 배고픈 아이들에게 끼니를 제공해 왔지만, 보다 많은 아이들이 밥을 먹기 위해서는 더 많은 사람들의 지속적인 후원이 필요했다. 이를 위해 'Very Good Manner' 캠페인이 기획되었다. 이 행사는 1,000유로의 크지 않은 예산으로 폴란드 내 2개 도시에서 4개 식당의 도움을 받아 시작했다. 손님들이 식당에 들어가 자리를 배정받으면 메뉴판과 함께 식당 매너와 관련된 정보를 접하게 된다. 식사 중 포크와 나이프를 사선으로 삼각형 모양을 만들어 식사 중임을 표현하고, 함께 포개어 한 쪽 방향으로 기대어 놓음으로써 식사를 마쳤다는 것을 표현하는 식사 예절이 있다. 이 캠페인은 고객들이 자리를 배정받고 메뉴를 고르는 동안 이러한 식사 예절을 안내했는데, 한가지 새로운 식사

예절을 소개했다. 손님들이 식사 후 포크와 나이프로 적십자사의 상징인 십자 모양을 만들면 폴란드 적십자사에 1.5 유로(한화로 약 1,750원)를 기부할 의사를 표현하는 것이다. 즉 손님들이 식사를 마친 후 나이프와 포크로 적십자사의 상징인 십자 모양을 만들면 식사요금에서 기부금액이 추가되어 결제된다. 손님입장에서는 새로운 정보를 받을 수 있고 원할 경우 편리하게 기부에 참여할 수 있다. 폴란드 적십자사는 이런 식사예절을 굿 매너(Good Manner)라고 소개하면서 고객들의 자연스러운 기부를 유도하는데 성공했다.

처음 시도한 4개 식당에 좋은 호응을 얻자 이 캠페인은 16개의 도시와 30개 식당으로 확대되어 전개되었다. 이 캠페인은 다양한 매체를 통해 소개되어 1,500만 명의 폴란드 사람들에게 전달되었다. 그 결과 폴란드 적십자사는 전년도에 비해 기부금액이 65% 증가되는 성과를 거두었다.

〈사진〉 'Very Good Manner' 캠페인

(이미지 출처 : bardzo Dobre Maniery 페이스북)

Lesson 3: 소비자 선택형 기부프로그램이 주는 시사점

* 소비자의 기부선택에 대해 보상하지 않아도 된다.
* 소비자의 기부선택이 가져다주는 효과를 이해하기 쉬워야 한다.
* 소비자가 기부를 선택하기 쉬워야 한다.

위의 사례들은 기업이 대의명분마케팅 활동을 전개할 때 고객이 자발적으로 참여하고 선택할 기회를 줄 필요성을 보여준다. 이 때 중요한 점은 고객이 기업이 제시한 명분에 자발적으로 참여할 수 있는 동기를 부여해야 한다는 것이다. 기부의 중심이 기업에게 있는 것이 아니라 소비자에게 있음을 전달해야 한다. 그러나 소비자에게 부담이 되는 자발적 기부를 유도하는 것은 쉬운 일이 아니다. 이러한 프로그램이 성공을 거두기 위한 요건을 요약하면 다음과 같다.

첫째, 기업이 제공하는 보상으로 소비자의 기부선택을 유도하는 것은 바람직하지 않다. 왜냐하면 후속적인 긍정적인 소비행동을 유도하기 어렵기 때문이다. 특별한 보상 때문에 기부를 선택한 소비자는 그 캠페인이 끝나면 더 이상 그 브랜드를 구매하지 않을 것이다. 광고를 보면 보상해주는 프로그램들이 있는데 이를 선택한 소비자들 대부분은 광고를 틀기만하지 주의 깊게 보지 않는다.

둘째, 지각된 개인 영향력 또는 지각된 시장 영향력이 높은 사람은 자발적으로 기부를 선택할 가능성이 높다. 따라서 프로그램을 통해 자신의 기부선택으로 인한 효과가 잘 전달되어야 한다. 미네워터의 경우 소비자의 기부선택으로 제조사와 유통사의 기부를 유도할 수 있게 된다. 소비자가 제조사와 유통사의 기부를 유도한다는 자부심을 느낄 수 있기 때문에 성공을 거둘 수 있었다.

마지막으로 소비자의 기부선택을 쉽게 할 수 있게 해 주어야 한다. 가능하면 구매현장에서 기부가 진행될 수 있어야 한다. 생각해 보고 나중에 기부를 선택할 수 있게 해 주면 이를 기억해 진행할 소비자는 많지 않다. 미네워터의 경우 구매시 바코드 스캔을 통해, "very good manner" 캠페인은 식사를 하면서 크로스 형태의 모양을 표시하면서 기부를 쉽게 선택할 수 있었다.

3) 협력 Cluster 구축을 통해 사회적 문제해결과 생산성 향상을 동시에 달성한 CJ대한통운의 실버택배 사례: 기업 혼자 하지 마세요.

CJ대한통운은 실버세대를 택배 배송인으로 고용하는 모델을 개발해 노인문제 해결에 기여하고 배송의 효율성을 높이는 데 성공했다. 사회적 문제 해결은 기업 혼자 감당하기 어려운 경우가 많다. 이 사례는 보건복지부, 지자체, 노인 협회와 협력체계를 구성해 사업의 지속성을 유지하고 있는 모범적인 공유가치창출사례이다.

CJ대한통운은 2016년 실버택배 모델을 통해 사회적 문제로 부상되는 노인 문제를 해결함과 동시에 기업의 택배 운영의 효율성을 향상시키고 있다. CJ대한통운은 이러한 새로운 모델을 시도할 때 다양한 기관과의 협력 네트워크를 구성했는데, 이는 앞서 포터 & 크레이머(Poter & Kramer)가 공유가치창출 모델의 방법으로 제시한 바 있는 협력 Cluster 구축의 모범적인 사례이다. 실버택배는 회사의 운송과정에 은퇴한 고령자를 채용하는 아이디어에서 시작되었다.

CJ대한통운은 실버택배를 일시적인 사업이 아닌 회사의 시스템으로 정착시키기 위해 전략지원실(CSV경영팀), 경영지원실(경영관리담당), 택배운영팀 등에 14명의 전담인력을 배치한 바 있는데, 이들은 다양한 기관들과의 협력 모델을 개발했다. 그 결과 CJ대한통운은 ①보건복지부(한국노인인력개발원)를 통해 모델 구축에 필요한 예산을 확보했고 ②지자체(초기에 부산을 출발 거점으로 선정하고 부산시와의 협력을 구현함)가 제공한 근린 거점을 배송거점으로 활용했으며, ③노인관련 단체를 통해 택배에 참여할 수 있는 시니어 택배배송 인력을 확보하였다.

〈그림 6〉 CJ대한통운이 주목한 사회적 문제와 이를 통한 가치창출

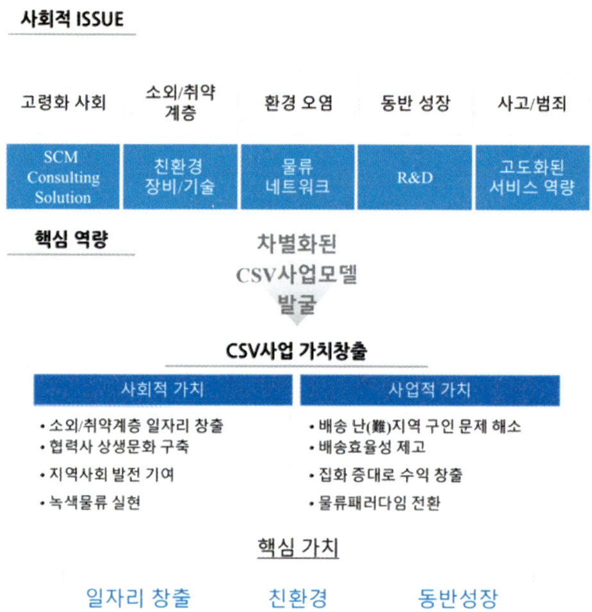

* 자료 : CJ대한통운

실버택배는 시니어 맞춤형 일자리를 만들어 주었다. 기존 배송 프로세스인 「지역별 Sub 터미널 → 고객 배송」의 구조를 「지역별 Sub 터미널 상품분류 → 배송거점 운송 → 고객 배송」 과정으로 변형하여 근무시간을 평균 6시간에서 4시간으로 단축시키고, 노인들에게는 배송 및 집화 업무로 범위를 축소시켰다(전병준 2015). 한편, 운송에 참여하는 시니어들의 체력적

부담을 고려해 회사는 시니어들이 배송할 때 사용할 수 있는 친환경 배송장비를 개발해 제공했다. 이 모델의 핵심은 기존 택배기사 1명의 배송물량을 4~5명의 시니어가 나누어 배송하게 됨으로써 고객 대면시간이 증가하는 과정에서 고객 서비스 향상 효과도 함께 모색한 것이다. 그 결과 회사는 운송과정에 지역 실버 층을 확보함으로써 운영효율성을 증대하고 서비스 수준을 높일 수 있게 되었다. 예를 들어, 아파트의 경우 제품의 배달과정에서 최종 고객에게 전달하는 것이 쉽지 않은 여건인데, 해당 아파트에 거주하고 있는 실버 택배기사가 배달의 완성도를 높여주고 있다.

〈그림 7〉 실버택배 사업모델

* 자료 : CJ대한통운

현재 실버택배 사업은 초기 부산에서 시작되었지만, 전국적으로 확산되어 운영되면서 그 효과가 배가되고 있다. 또한 이 모델은 물류 연계형과 거점 기반형 사업으로 세분화되어 발전하고 있다. 물류 연계형 사업은 택배물류만 전담하는 실버택배에서 한걸음 나아가 전통시장 물류를 적극 지원할 수 있는 지원사업과 마트 근거리 배송까지 지원하는 방향으로 진화하고 있다.

Lesson 4: 사회적 문제해결을 기업 혼자 감당하려할 때의 문제점

* 관리해야 할 담당자가 많아지게 된다.
* 비용문제로 투자금액이 커지게 된다.
* 혼자하면 지속하기 어려워진다.

실버택배 사업모델은 지속가능성이 높은 것으로 평가되고 있다. 초기 투자비용은 있지만, 사업모델이 완성되면 실버기사에게 지급되는 인건비는 이들이 배달하는 배송비에서 충당될 수 있어 추가적인 비용이 많지 않기 때문이다. 즉, 창출한 이윤에서 사업에 필요한 예산을 배정하는 것이 아닌 사업이 전개되는 과정에서 오히려 수익이 창출될 수 있는 결과를 기대할 수 있다.

기업이 사회적 문제 해결에 기여하는 사업을 전개함에 있어 혼자서 모든 것을 담당하고자 할 경우 상당한 비용이 발생되고 이를 지속적으로 전개하는데 여러 가지 어려움이 따르게 된다. 포터라는 학자가 제안한 바와 같이 지자체나 정부기관 시민단체 등과의 협력 Cluster가 구축되면 운영의 효과성뿐만 아니라 효율성도 제고될 수 있다.

공유가치창출 모델이 제시되면서 안전문제, 노인문제 및 건강문제를 해결하기 위한 다양한 모델들이 시도되었지만 대부분 지속되지 못했다. 가장 큰 이유는 투자금액이 커질뿐만 아니라 관리해야 할 담당자가 많아지게 되어 지속적으로 전개하기 어렵기 때문이다. 한 회사가 소상공인들에게 회사의 IT기술을 사용할 수 있게 해주는 프로젝트를 시도한 바 있으나 오래 지속되지 못했다. 자사의 기술력을 활용해 비용은 크게 문제가 되지 않았으나 너무 많은 관리 인력을 계속 충당하기 어려웠기 때문이다. 또한 한 회사는 노인용품을 개발하고 이를 판매하는 노인들을 채용할 계획을 세웠으나 가시적인 성과를 거두지 못했다. 노인용품을 판매하는 것이 우리나라 문화에서 시기적으로 앞선 모델이었고(나이든 사람이 노인용품을 남들이 볼 수 있는 매장에서 사는 것을 꺼려함) 투자비용이 너무 많았기 때문이다. CJ대한통운은 시스템을 구현하면서 보건복지부, 지자체 및 노인 협회와 협력체계를 구축하는데 성공했다. 협력시스템이 갖추어지자 회사는 필요한 노인택배인력을 확보하고 관리만 하면 되기 때문에 지금도 지속되고 있다.

4) 환경보존과 원료 확보 두 마리 토끼를 잡은 하겐다즈의 “HD loves HB” 캠페인: 기업이 재미있는 프로그램을 기획하면 소비자는 환경보존을 위한 활동에 자발적으로 참여합니다.

하겐다즈는 미국에서 꿀벌 군집붕괴 현상으로 아이스크림 향의 원료 조달이 어려워질 수 있게 되자 이를 복원하기 위한 프로그램을 개발했다. 청소년들이 방학 기간 자연체험을 하면서 붕괴된 군집을 복원할 수 있게 해 준 것이다. 재미있고 유익하게 구성된 체험 프로그램이 통합적으로 잘 조정된 마케팅 커뮤니케이션 도구들을 통해 안내되어 많은 청소년들이 참여했다.

하겐다즈는 가장 잘 팔리는 고급 아이스크림 브랜드이지만, 가성비를 앞세운 브랜드들과 치열하게 경쟁하고 있었다. 하겐다즈는 최고급 브랜드로서 고객과의 감정적 결합을 강화할 필요가 있었다. 회사의 브랜드담당 이사인 캐티피엔(Katty Pien)은 “우리는 브랜드의 핵심 본질과 연결된 사회적으로 관련된 아이디어가 필요했다.”고 말한다. 이런 상황에서 미국에서 꿀벌 군집붕괴 현상이 일어났고 이러한 현상이 지속되면서 자연생태계에 심각한 위협이 되고 있었다. 이때 “Haagen-Dazs loves honey bees” 캠페인이 기획되었다. 꿀벌들은 사람이 먹는 자연식품의 1/3과 하겐다즈 아이스크림에서 사용되는 자연 향의 40%를 공급한다. 그런데 벌꿀들이 심각한 비율로 감소되고 있어 원료의 원활한 확보에도 문제가 되고 있었다. “HD loves HB”라는 메시지는 이러한 문제를 제기하면서 이를 해결하기 위해 만들어졌다. 이 캠페인의 목적은 기업이 사회적으로 문제가 되고 있는 벌집군집붕괴현상을 해결하기 위해 소비자(특히 핵심 소비자들인 청소년들)의 참여를 유도함으로써 궁극적으로 원료의 원활한 공급을 확보하는 것이었다.

이 캠페인의 핵심은 청소년들에게 제공하는 자연 체험이었다. 이 캠페인에 참여하는 청소년들은 군집붕괴 현상이 일어나는 곳에서 실제로 체험을 하면서 이를 복원하는 활동을 한다. 하겐다즈는 청소년들에게 자연 체험도 하고 꿀벌도 살릴 수 있음을 전달하기 위해 IMC 개념(Integrated Marketing Communication)[7]을 적용했다. 캠페인의 중심엔 'www.helpthehoneybees.com'이라는 웹사이트가 있는데, 고객들은 이곳에서 꿀벌들의 문제점을 이해하고 그들이 어떻게 도울 수 있는지를 발견하게 된다. 첫 번째 TV 광고는 곤경에 빠진 꿀벌의 상황을 감동적으로 보여주는 아름답게 각색된 미니 오페라였다. 광고는 "꿀벌들이 죽어가고 있고 우리는 자연 성분의 많은 것을 그들로부터 얻는다. 이들을 살려내자."고 말한다. 초기의 인쇄광고는 하겐다즈의 바닐라 벌꿀 향 아이스크림을 소개하면서 "꿀벌들아 제발 떠나지 마. 자연은 꿀벌들을 원하고 있어."라고 간청한다.

소비자들이 웹사이트를 방문하게 되면 다른 촉진 도구들과 시너지를 내면서 브랜드와의 감정적 결합을 유도한다. 웹사이트는 새들이 지저귀고 벌들이 윙윙거리는 소리와 함께 방문객을 맞이하는데, "꿀벌들이 없는 세상을 상상해 보세요."라는 헤드라인을 보여주고 벌집붕괴 현상을 설명한다. 이 사이트는 "여러분이 관심을 가져야 합니다. 지금 기부하세요. 만화를 사서 꿀벌을 살리세요."라고 제안한다. 방문객들은 이 사이트에서 꿀벌의 위기에 관한 기사를 읽을 수 있는데, "The Buss"라고 불리는 뉴스의 꼭지는 Bee TV를 켜서 Bee-Ts를 구매하라고 요청한다. 그 뉴스엔 "여왕이여 만수무강하소서", "꿀벌 영웅"이라는 문구가 있고 이곳에서 독자들은 자신이 만든 꿀벌 만화를 친구들에게 전달하는 "Bee-mail"을 이용하면서 꿀벌 보호를 위한 기부를 직접 할 수 있다. 그리고 하겐다즈는 소비자들이 꿀벌연구에 트위터 당 1불을 기부하는 메시지를 전달하는 것을 독려하기 위해 TwitCause라는 사회명분 포탈을 사용했다.

---

7 통합적 마케팅 커뮤니케이션의 약자로 기업은 소비자와 의사소통할 때 다양한 커뮤니케이션 도구들을 통합적으로 조정해 한 목소리를 냄으로써 최대의 효과를 올려야 한다는 개념이다.

하겐다즈는 더 많은 꿀벌에 관한 구전을 만들어 내기 위해 전국에 있는 지역 농부들에게 바닐라 Honey Bee 아이스크림과 들꽃 씨를 제공했다. 하겐다즈는 지역 커뮤니티 그룹이나 학교들에 의해 진행되는 프로젝트와 기금 모금도 지원한다. 또한 회사는 두 주요 대학의 벌집 군집붕괴에 관한 연구를 지원하기 위해 꿀벌과 관련된 향들의 매출액 일정 비율(바닐라 허니비로부터 나오는 모든 수익금들을 포함함)을 기부한다. 하겐다즈는 더 나아가 의회를 로비하여 꿀벌 위기에 대한 엄청난 사회문제를 이슈화하는데 성공했다.

"HD loves HB" 캠페인은 완벽한 성공이었다. 하겐다즈는 첫해 1억 2,500만 미디어 임프레션[8]을 달성했고 하겐다즈의 매출액은 불경기에도 16% 성장했다. 한 소비자 조사결과에 따르면 하겐다즈의 브랜드 지지율은 69%를 기록했는데, 이는 19개의 브랜드들 중 가장 높은 것이었다.

Lesson 5: 소비자가 회사가 전개하는 캠페인에 참여하게 하려면?

* 환경적 가치의 중요성을 전달해야 한다.
* 소비자가 참여하는 것이 재미있어야 한다.
* 여러 가지 커뮤니케이션 도구들이 통합되어 운영되어야 한다.

하겐다즈 사례는 아이스크림의 주요 공급원인 벌꿀을 보호하고 이러한 활동을 통해 환경적 가치를 제고하는 이른바 두 마리 토끼를 잡을 수 있음을 보여준다. 이 캠페인의 성공요인은 다음과 같이 정리될 수 있다.

첫째, 하겐다즈는 꿀벌이 미국 자연생태계에서 담당하는 중요한 역할을 소개하고 최근 전개되고 있는 꿀벌 군집붕괴 현상을 생생하게 보여줌으로써 꿀벌을 살려야 함을 매우 호소력 있게 전달했다. 평소 소비자들이 잘 인지하지 못했던 꿀벌의 중요성을 알 수 있게 된 것이다.

8 캠페인에 1회 이상 노출된 사람들의 수자 또는 비율을 의미한다.

둘째, 꿀벌 살리기 활동을 재미있게 구성해 참여도를 높였다. 하겐다즈는 제품의 주 고객인 초·중·고등학교 학생들이 방학 동한 참여할 수 있는 자연체험 프로그램을 마련했다. 흥미로운 자연탐방을 통해 아이들의 호기심을 자극한 것이다. 학생들이 군집 붕괴 현상이 일어나는 장소를 직접 방문해 현상을 목격하고 이를 복원하는 활동을 전개하면서 자부심을 느낄 수 있게 해 준 것이다.

셋째, 이 캠페인은 IMC(Integrated Marketing Communication)의 대표적인 성공사례이다. 하겐다즈는 이 캠페인을 소비자들에게 전달하고 참여를 유도하기 위해 웹사이트, 광고, 소셜 네트워킹, 자연탐방 프로그램 등 다양한 커뮤니케이션 도구들을 통합적으로 조정해 최대의 효과를 이끌어 냈다.

5) 패션기업들이 추구하는 재활용 패션: 대한민국 환경을 지키기 위해서는 우리나라에서 소비되는 플라스틱이 재활용되어야 합니다.

적지 않은 패션기업들이 친환경소재 활용이나 플라스틱 재활용을 소비자들에게 소구하고 있고 이러한 친환경활동은 소비자들로부터 좋은 평가를 받고 있다. 그러나 플라스틱을 재활용해 판매하는 회사들 중 재생 원료를 해외에서 수입하고 있는 경우가 많다. 블랙야크는 국내에서 소비된 플라스틱만을 재활용해 친환경의류를 판매하고 있는데, 이는 기업에게 차별화된 강력한 무기가 될 수 있을 것으로 보인다.

약 100년 전 발명된 플라스틱은 생활용품의 주원료로 사용되어 왔다. 예를 들어 종이봉투 생산으로 인한 벌목을 줄이는 수단으로 플라스틱 봉투나 비닐 백이 상용화되고 있고 깨지면 위험한 유리병을 대신해 가볍고 안전한 투명 페트병이 상용화되었다. 이와 같이 친환경 제품으로 각광 받아 왔던 플라스틱이 최근 자연과 인간의 생존을 위협하는 환경파괴의 주범으로 지목되고 있다. 배출된 플라스틱이 물고기에 의해 섭취되면서 이들의 생존을 위협하고 있을 뿐만 아니라 이를 섭취하는 인간의 건강에도 치명적인 영향을 끼치게 된다. 플라스틱으로 인한 재앙 가능성이 제기되면서 기업의 친환경제품 개발이 활발하게 전개되고 있다.

국내에서도 잘 알려진 파타고니아(Patagonia)는 친환경제품을 생산하고 재활용을 통해 자연을 보호하는 기업미션을 실천하는 기업으로 이러한 사업철학이 브랜드에 품격을 더해주고 있다. 파타고니아는 1960년대 등산장비를 생산하는 작은 회사로 출발해 다양한 아웃도어 의류를 판매해 오고 있는데 이 회사는 최고의 아웃도어 제품을 만들지만 환경문제를 유발하지 않고 더 나아가 환경위기에 대한 문제를 해결하고 실행하기 위해 사업을 전개한다는 사업철학을 실천하고 있다. 특히 1993년부터 버려지는 플라스틱을 녹여 실을 뽑아내고 폴리에스테르 옷감을 활용하는 등 친환경 경영을 실천하고 있고 더 놀라운 점은 생산의 전 과정에서 환경보호를 위해 노력하고 있다는 점이다. 예를 들어 독성이 덜한 염료를 사용해 원단을 염색하고, 합성 섬유의 경우 원단의 원료가 되는 플라스틱 팰릿에 미리 색을 넣는 방식을 사용하고 있으며 면제품은 유기농 원사만을 사용하고 있다. 이러한 파타고니아의 노력은 소비자들로부터 인정받아 많은 소비자들의 사랑을 받고 있다.

LAR(Look Around의 약자)는 "사람과 자연을 돌보자"라는 기업사명을 갖고 있는데, 100% 친환경 재활용 소재를 이용해 신발을 생산하고 여기에 디자인을 가미해 업사이클링[9]을 구현하고 있다. 이 회사는 쓰고 버린 가죽을 이용해 인조가죽을 만들고 있고 신발의 안감과 신발 끈은 플라스틱병을 재활용해 생산하고 있는데, 이러한 재활용과정에서 기능성을 확보하고 디자인을 가미해 소비자들의 관심을 받으며 성장하고 있다.

애슬레저(운동과 레저의 합성어) 시장에서 파타고니아를 지향하는 걸프랜드 콜렉티브도 있다. 이 브랜드는 재활용 플라스틱을 사용해 요가복을 생산한다. 이 브랜드의 레깅스는 79%의 폴리에스터와 21%의 스판덱스를 사

9 upgrade와 recycling의 합성어로 버려지는 제품을 재활용하는 차원을 넘어 디자인을 가미해 새로운 가치를 부여하는 것을 의미한다.

용해서 만드는데, 79%의 폴리에스터는 버려진 플라스틱 용기를 재활용한다. 이 회사는 생산하는 모든 과정을 투명하게 공개하고 있다. 레깅스은 피부와 직접적인 접촉이 일어나기 때문에 플라스틱이 소재로 활용되면 소비자는 제품에 대해 거부감을 느낄 수 있다. 그러나 걸프랜드 콜렉티브는 생산 과정을 보여주면서 이러한 거부감을 해소하고 있다. 레깅스에서도 플라스틱 재활용이 브랜드의 강력한 무기가 될 수 있음을 보여주는 사례이다.

국내외 패션기업들이 플라스틱(주로 페트병)을 재활용해 의류제품을 생산하고 있는데, 여기서 주목할 점이 있다. 국내에서 의류제품 생산을 위해 사용되는 재활용 페트병 원료의 대부분이 해외(주로 일본과 대만)에서 수입된다는 것이다. 즉, 국내에서 버려진 페트병을 재활용해 우리나라의 자연환경을 보호하는 것이 아니라 외국에서 버려진 페트병을 처리해 주는 셈이다. 이러한 점을 주목해 국내에서 배출된 페트병을 재활용하기 위해 노력하는 기업들이 있다.

2017년에 소개된 국내 브랜드인 플리츠마마는 버려진 페트병을 재활용해 만든 원사로 가방을 만들면서 여기에 아름다운 색감과 독특한 주름 모양의 디자인을 선보이면서 고객들의 주목을 받았다. 이 회사는 초기에 수입 재활용 페트병 원료를 사용해 왔지만, 지금은 제주도에서 수거한 페트병을 재활용하고 있다. 이 회사는 2020년 제주특별자치도 개발공사 및 제주도와 함께 '제주도 자원순환 프로젝트'를 전개하면서 제주도에서 수거한 페트병으로만 가방을 만들고 있다. 이 회사는 플라스틱을 재활용하면서 제주도의 자연환경을 보호하고 있다.

플리츠마마가 제주도에 버려진 페트병을 재활용하는 활동을 전개하고 있다면, 이러한 활동을 전국적으로 전개하는 브랜드가 있다. 블랙야크는 국내에서 버려진 페트병을 재활용하기 위해 'PLUSTIC 패션 캠페인'을 전개하고 있다. 국내에서 소비된 페트병은 배출, 수거, 재활용을 거쳐 패션의류로 재탄생된다. 국내에서 배출된 페트병이 패션제품으로 재활용되기 위해선 재활용 생태계 전반의 순환 시스템이 구축되어야 한다. 그러나 국내의 경우 재활용 순환과정이 원활하지 못해 국내에서 배출된 페트병이 아닌 해외에서 수입한 페트병이 재활용되고 있다. 강태선 회장은 이러한 문제점을 해결하기 위해 국내 페트병 재활용과정 전반에서의 문제점을 진단하였고 이를 해결하기 위해 각 단계별로 다양한 기관들과 협력체계를 구축하고 있다.

Lesson 6: 친환경소재 개발 및 재활용은 이제 차별화 요인이 아니다

* 패션 의류 회사는 대부분 친환경 소재를 사용하고 있고 플라스틱을 재활용하고 있다.
* 국내에서 생산되는 플라스틱 재활용 의류는 플라스틱 원료의 대부분을 해외에서 수입하고 있다.
* 블랙야크가 국내에서 소비된 플라스틱을 재활용하는 것은 강력한 무기가 될 수 있다.

패션회사 중 친환경 경영의 대표는 파타고니아이고 이후 적지 않은 패션 브랜드들이 친환경활동을 전개하기 시작했다. 소비자들은 대부분 선도한 브랜드를 기억한다. 선도 브랜드와 특별한 차별점이 없는 활동을 전개하는 기업들에게 관심을 보이는 소비자는 많지 않다. 그에 따라 이러한 후발 주자들의 친환경활동은 구색 갖추기 수준에 머무르게 될 가능성이 높다. 친환경활동을 추진하기 원하는 패션회사들은 자신들만의 고유한 차별점을 개발해야 한다.

이런 측면에서 블랙야크가 추진하는 국내에서 소비된 플라스틱을 재활용하는 캠페인은 차별점이 될 수 있다. 왜냐하면 소비자들이 국내에서 문제가 될 수 있는 플라스틱을 수거해 패션의류로 만들기 때문이다. 블랙야크는 국내에서 배출된 플라스틱 쓰레기를 처리함으로 우리의 자연환경을 보존하는 활동을 전개하고 있다. 소비자들은 이왕이면 우리나라에서 배출되는 쓰레기를 재활용하는 회사에 더 호응하게 될 것이다.

국내에서 소비되는 플라스틱 패션제품에 재활용되기 위해서 플라스틱이 깨끗한 상태에서 수거되어야 가능하게 된다. 깨끗한 플라스틱이 수거되기 위해서는 소비자의 참여와 협력이 절대적으로 필요하다. 국내의 경우 최근 분리수거가 어느 정도 진행되고 있지만 투명 페트병에 붙어 있는 라벨이 분리되고 또는 안에 남아있는 찌꺼기가 제거되어야 하는데, 이 과정에서 소비자의 협력이 요구된다. 친환경 경영은 주로 기업이 담당해야 할 역할이라고 인식되어 왔다. 이런 시기에 블랙야크는 소비자가 중심이 되는 친환경 활동을 제안하고 있다. 즉, 소비자와 기업이 함께 노력해 국내에서 소비되는 플라스틱으로 인한 재앙을 예방하려는 것이다. 4부에서는 이러한 블랙야크의 'PLUSTIC 패션 캠페인'을 자세히 소개할 것이다.

참고문헌

박소진, 최낙환 (2004), "소비자의 거래커플링 지각과 소비행동의 적극성이 선구매 서비스의 획득가치와 만족에 미치는 영향에 관한 탐색적 연구," 소비자학 연구, 15(1), 111-134.

서은국, 구재선 (2011), "단축형 행복 척도(COMOSWB) 개발 및 타당화," 한국심리학회지: 사회 및 성격, 25, 95-113.

성영진, 유창조, 이진용, 박은아, 양윤재, 정수정 (2013), "소비유형별 소비행복의 비교," 소비자학연구, 24(2), 1-23.

유창조 (2007), "월드컵 축구경기에서 표출되는 팬의 소비가치에 대한 비교연구: 국가별 팬 집단의 소비행태 및 소비문화의 비교," 마케팅연구, 22(4), 115-140.

이은경, 서은국, Chu, T., Kim, H. J. S., Sherma, D. K.(2009), "정서억제와 주관적 안녕감: 문화 비교 연구," 한국심리학회: 사회 및 성격, 23(1), 131-146.

이종식, 유창조 (2018), "CJ제일제당 "미네워터"의 선택형 대의명분 마케팅," *Korea Business Review*, 22(3), 1-31.

정기원, 유창조 (2019), "단골 점포 등록에 대한 고객의 자발적 참여가 점포내 구매행동에 미치는 영향에 관한 연구," 광고학연구, 30(5), 125-144.

Boenigk, Silke and Viktoria Schuchardt (2013), "Cause-Related Marketing Campaigns with Luxury Firms: An Experimental Study of Campaign Characteristics, Attitudes, and Donations," *International Journal of Nonprofit and Voluntary Sector Marketing*, 18, 101-121.

Chen, R., Su, S., & He, F. (2014). Does cause congruence affect how different corporate associations influence consumer responses to cause-related marketing?. *Australian Journal of Management, 39*(2), 191-206.

Diener, Ed and Marissa. Diener(1995), "Cross- cultural Correlates of Life Satisfaction and Self-esteem," *Journal of Personality and Social Psychology*, 68(4), 653-663.

Diener, Ed and Mary Beth Diener McGavran(2008), "What Makes People Happy? A Develop- mental Approach to the Literature on Family Relationship and Well-being," In M. Eid and R. J. Larsen(Eds.). *The Science of Subjective Wellbeing*(pp. 347-375), NY: The Guilford Press.

Gawronski, Bertram and Galen V. Bodenhausen (2006), "Associative and Propositional Processes in Evaluation: An Integrative Review of Implicit and Explicit Attitude Change," *Psychological Bulletin*, 132(5), 692–731.

Hsee, Christopher K. Yang Yang, Naihe Li and Luxi. Shen(2009), Wealth, Warmth, and Well-Being: Whether Happiness Is Relative or Absolute Depends on Whether It Is About Money, Acquisition, or Consumption. *Journal of Marketing Research*, Jun, 46(3), 396- 409.

Myers, David G.(2000), "The Funds, Friends, and Faith of Happy People," *American Psychologist,* 55(1), 56-67.

Okun, M. A., W. A. Stock, M. J. Haring and R. A. Witten(1984), "Health and Subjective Well- being: a Meta-analysis," *International Journal of Aging and Human Development*, 19, 111-132.

Robinson, Stefanie Rosen, Caglar Irmak and Satish Jayachandran (2012), "Choice of Cause in Cause-Related Marketing," *Journal of Marketing,* 76(4), 126-139.

Ryan, Deci (2000), "Self-Determination Theory and the Facilitation of Intrinsic Motivation, Social Development, and Well-Being," *American Psychologist*, 55(1), 68-78.

Troye, Sigurd Villads and Magne Supphellen (2012), "Consumer

Participation in Co-production: “I Made It Myself” Effects on Consumers' Sensory Perceptions and Evaluations of Outcome and Input Product,“ *Journal of Marketing,* 76(2), 33-46.

제3부

국산 브랜드 블랙야크의 도전과 성장 그리고 자연과의 공존

1. 블랙야크의 역사

블랙야크 그룹의 주요 발자취
1973 동진사 설립: 등산 장비 생산
1975 동진산악으로 개명: 산악인을 위한 사업 시작
1990 동진레저 백화점으로 법인 등록: 등산 및 레저 전문점을 지향
1994 동진레저로 개명: 아웃도어 레저사업으로 진출
1995 블랙야크 단독 브랜드 개발: 국산 브랜드로 아웃도어 시장을 선도
2010 글로벌 시장 진출 선언: 블랙야크를 글로벌 TOP 5 브랜드로
2013 NAU 인수: 친환경 경영의 시작

1) 동진사를 설립하다.

블랙야크의 역사는 1973년 동진사 설립에서 시작된다. 동진사는 초기 기성복을 판매했지만 등산장비를 주로 생산하기 시작한다. 강태선 회장은 산악인이었는데 국내에서 등산장비가 원활하게 수급되지 못하는 환경에서 사업기회를 발견한 것이다. 당시에 등산인구가 늘어나고 있었지만 국내에는 변변한 등산장비(텐트, 등산화, 자일 등)가 생산되지 않아 군수물자가 주로 활용되고 있던 시절이었다. 사업을 시작하게 된 동기가 산악인들에게 필요한 등산장비를 공급하는 것이었다.

2) 산악인을 위한 사업을 시작하다: 동진산악

강태선 회장은 1975년 상호를 동진산악으로 개명하면서 산악인을 위한 사업을 본격적으로 전개한다. 산악인과 폭넓은 교류를 해 온 강태선 회장은 국내에 제대로 된 산악 장비가 부족함을 인식하고 제대로 된 장비를 생산해 산악인들의 안전을 도모하기 시작한 것이다. 당시 산악 장비는 미군의 군장비에 의존했는데, 강태산 회장이 군장비를 분석하면서 국내 생산 체계를 구축하기 시작했다. 동진산악은 국산 배낭 1호를 생산하기 시작하면서 우의, 침낭, 코펠, 버너, 텐트까지 국산품의 구색을 갖추기 시작했고 우수한 품질을 갖추기 위한 치열한 노력이 시작되었다.

3) 등산에 필요한 다양한 장비를 판매하다: 동진등산장비총판과 동진레저백화점

1980년대를 지나면서 등산 인구가 늘어나고 등산 인구 증가율이 경제성장률을 앞지르기 시작했다. 특히 야간통행금지 해제와 교복 자율화는 국내에서는 레저붐을 일으키는 기폭제가 되었다. 이에 강태선 회장은 등산 장비 업체 이미지를 강화하기 위해 상호를 동진등산장비총판으로 변경하고 등산 장비뿐만 아니라 산악인을 위한 전문장비를 갖추기 시작했다. 당시 레저붐이 불면서 코오롱, 선경, 럭키 그룹 등이 이 시장에 진입하게 되자 강태선 회장은 품질을 강화해 경쟁력을 확보하기 위해 총력을 기울인다. 산악인의 안전을 담보하는 확실한 품질이 가장 중요한 경쟁력이라고 확신했기 때문이다. 86 아시안게임과 88 올림픽을 거치면서 레저시장이 비약적으로 신장하기 시작했고 경쟁이 더 치열해 졌는데, 이 시기 강태선 회장은 동진레저백화점이라는 법인을 등록했다. 강태선 회장은 이를 통해 등산 및 레저 전문점을 지향하면서 디자인과 제품개발을 전담하는 부서를 배치했고 의류의 신소재 채택, 암벽과 등산화 개발, 릿지매트(Ridge Mattress) 국내 최초 개발 등 앞서가는 기술력을 갖추기 시작했고 프로자이언트와 까반과 같은 브랜드를 개발하면서 도약을 위한 디딤돌을 마련했다.

4) 레저분야에 뛰어들다: ㈜동진레저로의 개명

레저시장이 다양화되자 강태선 회장은 사업을 등산 분야에 주력하면서 법인의 이름을 ㈜동진레저로 개명했다. 이 때가 1994년이었는데, 이러한 결정은 훗날 국내 아웃도어 시장에서 1위 브랜드가 되는 출발점이 된다. 그 해 7월 동진레저는 미국의 고어로부터 고어텍스 생산 및 판매를 위한 라이선스를 획득하게 된다. 고어텍스는 미국의 NASA에서 우주왕복선 콜럼비아호의 우주복 소재로 채택된 바 있다. 특히 고어텍스 필름을 섬유에 적용하는 라미네이팅 기술은 내구성이 우수했고, 재봉선의 미세한 틈까지 고려해 고어텍스 테이프로 완벽하게 접착시키는 심 실링(Seam Sealing) 가공방식은 제품의 완벽성도 높일 수 있게 해 주었다. 동진레저는 고어텍스 소재의 적용으로 외국에서의 평가가 좋아지면서 해외 진출의 기반도 확보하게 된다.

5) 히말라야에서 야크를 만나다: 블랙야크의 탄생

강태선 회장은 사업 초기부터 산악인 모임에 참여해 왔고 한국 산악원정대를 적극적으로 지원해 왔다. 강태선 회장은 1993년 히말라야원정대 단장으로 참여하면서 히말라야에서 야크라는 동물을 만나게 된다. 야크는 험준한 고산지대에서만 사는 검은 소로 히말라야 고산지대에 사는 셰르파에게는 없어서는 안 될 소중한 동물이다. 신비롭고 강한 인상의 검은 소 '야크'는 겉모습은 둔하고 어리숙해 보이나 60kg 이상의 짐을 지고도 천 길 낭떠러지의 절벽을 자유자재로 다닌다. 아주 희박한 산소와 매서운 바람과 추

〈사진〉 블랙야크 브랜드 런칭 광고

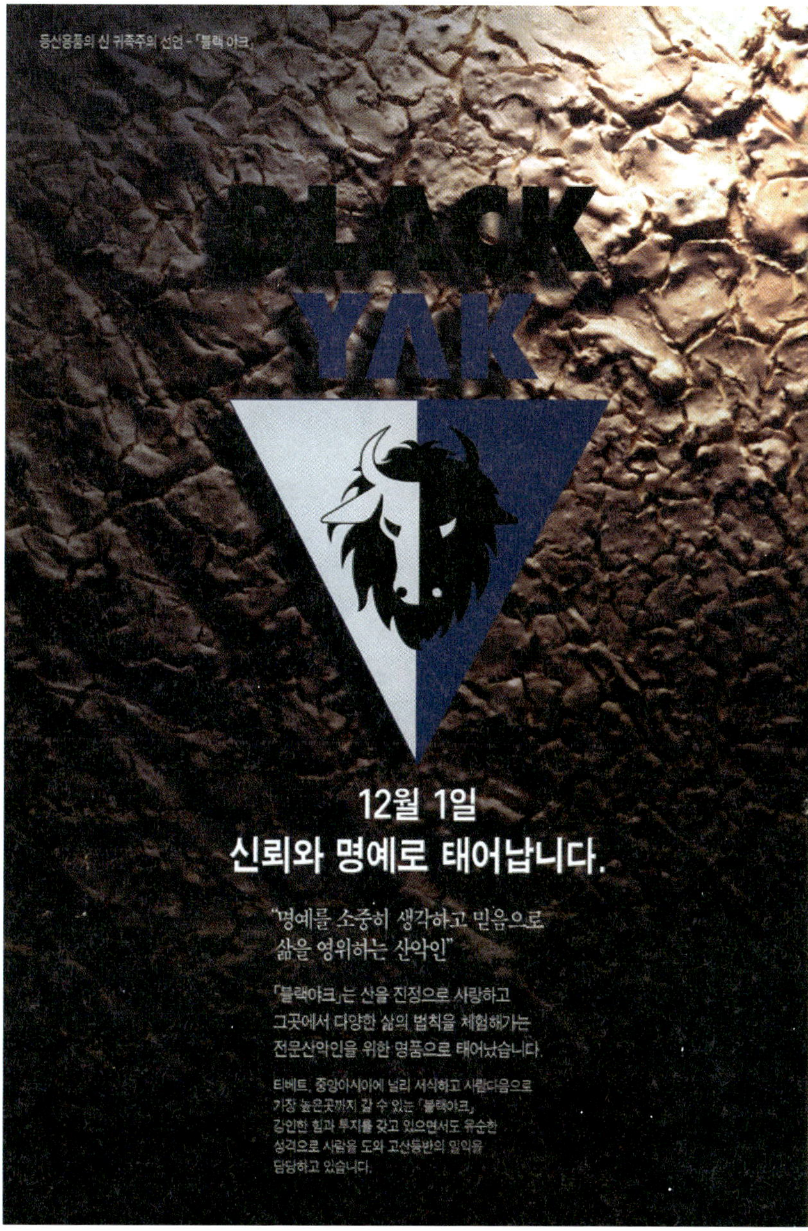

위, 가득 쌓이는 눈과 얼음 속에서 살아가는 강인한 동물로 원정대들에게 장비를 운반해 주는 동반자가 된다. 야크의 우유는 치즈로 사용되어 식량이 되고 털은 추위를 극복하는 옷이 되고 배설물조차 나무가 자라지 않는 고산에서 소중한 연료가 된다. 그야말로 야크는 히말라야에서 단순한 가축이 아닌 '생명'인 셈이다. 요약하면 야크는 열악한 환경에서도 생존하고 자연과 공존하면서 고산지대의 산악인들에게는 없어서는 안 될 동반자이다. 강태선 회장은 "인간과 야크가 공생하는 삶을 보며 모두가 함께 누릴 수 있는 지속 가능한 삶의 방법"에 대해 고민하게 되었고, 이런 야크의 본성을 반영한 기업미션을 구상하게 된다.

히말라야에 사는 야크로부터 영감을 받은 강태선 회장은 1995년 블랙야크란 단독 브랜드를 시장에 소개한다. 야크가 히말라야에서 담당하는 역할처럼 회사도 모든 구성원들에게 동반자 역할을 담당하겠다는 의지인데, 블랙야크를 '신뢰와 명예'를 상징하는 브랜드로 키워 명예를 소중히 생각하고 믿음으로 삶을 살아가는 산악인을 위한 제품을 만들겠다고 선언한 것이다.

6) 아웃도어 시장이 도래하다: 블랙야크를 국내 1위 브랜드로

동진레저는 1990년대 IMF 위기를 겪으면서 시련을 겪었지만 이를 견뎌냈고 이후 웰빙(wellbeing)붐과 여가활동이 증가하면서 아웃도어 시장이 하나의 산업으로 성장하게 된다. 2000년대에 들어서면서 아웃도어 시장은 춘추전국시대를 맞이하게 된다. 국내 브랜드인 코오롱스포츠와 영원을 비롯해, 수입 브랜드인 노스페이스, 컬럼비아, 밀레, 몽벨, 아이더, 에이글 등이 모두 시장에 진입하기 시작했다. 또한 등산화로 출발했던 K2상사는 토털 브랜드로 변화를 꾀했다. 이러한 시기 블랙야크란 브랜드는 아웃도어 시장을 선도하게 된다. 강태선 사장은 블랙야크를 의류에 집중하면서 고기능과 고품질로 포지셔닝을 정하고 블랙야크에 고어텍스를 적용시킨다. 자연의 숨결이 와 닿는 첨단 소재와 기능면에서 자연이 원하는 격식을 제대로 갖춘 것이다. 이후 블랙야크의 소재와 기능은 최고 수준을 유지해 왔다. 특히 블랙야크의 익스피디션 라이트패션 재킷은 국내 최초로 고어와 듀폰(DuPont)의 첨단 소재의 장점을 결합시켜 등산을 위한 최고 수준의 기능성을 갖췄다, 고어텍스와 함께 적용된 듀폰의 코듀라 플러스(Cordura Plus) 원단은 일반 나일론의 4배, 면섬유의 20배, 폴리프로필렌의 3배에 달하는

〈사진〉 블랙야크 익스피디션 라이트 패션 재킷

마모 내구성을 갖추었고, 보푸라기나 필링(Pilling) 방지성이 우수하며, 새로이 첨가된 탁월한 부드러움으로 우수한 기능뿐만 아니라 멋진 스타일까지 가능했다. 블랙야크는 가장 열악한 조건의 환경에서도 견딜 수 있는 강인함과 패션의 결합을 보여주면서 외국의 유명 브랜드를 제치고 국내 아웃도어 시장에서 1위 브랜드로 도약하게 된다. 그리고 강태선 회장은 2009년 주식회사 블랙야크를 그룹명으로 사용하기로 결정한다.

7) 블랙야크를 글로벌 브랜드로

블랙야크는 한국산 브랜드로서 국내 아웃도어 시장에서 독보적인 위치를 확보하고 있는 것에 안주하지 않고 글로벌 브랜드로의 도약을 선언했다. 이를 위한 전략으로 앞서가는 기술력과 현대적 감각의 디자인 개발, 국제 시장에서의 인지도 확보, 친환경 브랜드 NAU 인수를 통한 친환경 정체성 강화를 선정하였다. 블랙야크는 현재 이 세가지 전략을 체계적으로 구현하고 있다.

국내 아웃도어 시장에서 블랙야크를 국내 최고 수준의 경쟁력을 갖춘 브랜드로 키운 강태선 회장은 이러한 성과에 안주하지 않고 해외 시장에 관심을 가졌다. 1993년 당시 동진레저는 중국 다롄에 생산 공장을 두었다가 철수한 뒤에, 1996년부터 톈진에 다시 생산라인을 가동시켰다. 1997년 10월 중국에 블랙야크 상표가 등록되었고, 1998년 1월부터 블랙야크 매장이 개점됐다. 그리고 블랙야크는 베트남, 태국, 네팔 등에도 진출해 매장을 개점해 왔다. 강회장은 해외 시장에서 명성 높은 글로벌 브랜드와 경쟁해야 한다고 판단하고 2010년 글로벌 브랜드로의 도약을 공식적으로 선언했다. 국내 브랜드인 블랙야크를 세계 TOP 5 브랜드로 성장시키겠다는 야심찬 포부를 밝히고 이를 구현하는 발걸음을 재촉하고 있는데, 이를 위한 주요전략은 세가지로 요약된다.

첫째는 기술 및 디자인 개발이다. 강태선 회장은 유럽과 미국의 유명 브랜드와 경쟁하기 위해선 기능성과 디자인의 우수성을 인정받아야 했다. 그에 따라 블랙야크는 스마트웨어, 소비자 맞춤형 의류제조시스템을 개발해 왔다. 입는 것만으로도 심박 측정이 가능한 '야크온 P(Pulse)', 스마트폰으로 온도·습도 조절이 가능한 '야크온 H(Heat)', 조도 변화에 따라 자동 점등되는 '야크온 B(Bright)' 등 업계 최초의 스마트웨어를 시장에 소개하고 대중화를 선도하고 있다. 또한 블랙야크는 2017년 원스탑 맞춤형 제품 시범사업을 통해 인체 사이즈 스캔, 디자인 선정 및 봉제과정을 45분 이내에 완료하는 스피드 팩도리를 구현했고 2020년엔 개인 경험기반 맞춤형 시스템을 구축한 바 있다. 이 외에도 블랙야크는 LG전자와의 협업을 통해 야크온 P(Pulse)와 LG 스마트 워치 연동 시스템을, 삼성전자와의 협업을 통해 야크온 P(Pulse) 앱을 구축한 바 있으며 최근에는 AI(인공지능)에 기반한 상품기획솔루션을 개발하고 있다.

블랙야크는 국내 ICT 산업의 현주소와 최신 기술을 한자리에서 확인할 수 있는 국내 최대 규모 전자·IT 전문전시회 '2016 한국전자전(KES)'에 참가해 스마트 웨어 3종을 선보였는데, 전자 제품이 아닌 스마트웨어로 참가한 블랙야크 부스에 해외 관계자의 관심을 집중시켜 글로벌 시장에서의 경쟁력을 확인한 바 있다. 디자인이 강한 유럽 및 미주 시장에서 생존하기 위해서는 디자인 경쟁력 확보는 필수적인 요소이다. 블랙야크는 이를 위해 본사에 디자인실을 배치해 우수한 인력을 확보하고 있고 시대를 선도하는 디자인을 지속적으로 개발하고 있다.

둘째로 신생브랜드로서 블랙야크의 해외 시장 인지도 확보이다. 이를 위해 블랙야크는 국제적인 박람회와 리테일쇼에 참가하기 시작했다. 블랙야크는 세계 최대 규모 스포츠 용품 박람회인 ISPO에 2012년부터 참가하고 있다. ISPO는 1970년부터 매년 독일 뮌헨에서 열리는 역사와 전통을 자랑하는 박람회로 전 세계 120개국에서 2,800여개 업체가 참가해 아웃도어 트렌드를 선도해 왔고 매년 아웃도어와 스포츠 용품 중 부분별 최고의 제품을 선정하고 있다. 블랙야크는 현재까지 26회 수상한 바 있는데, 이는 단일 브랜드 누적 집계 최다 수상기록이다. 블랙야크는 2016년 개최된 ISPO행사에서 8개의 ISPO 금상과 3개의 ISPO 대상을 받는 성과를 올렸는데, 단일 브랜드가 '11관왕'을 달성한 것은 ISPO 역사상 처음이었다. 이는 블랙야크가 추구해온 기술력과 디자인의 우수성을 국제 행사에서 인정받은 것으로 인지도 확보와 함께 제품력도 인정받고 있음을 의미한다. 또한 블랙야크는 2017년 북미 최대 아웃도어 리테일 쇼인 OR 쇼에도 공식적으로 처음 참가했고 미국에서 가장 영향력 있는 전문잡지인 기어 패트롤에서 쇼에 참가한 수천 개의 제품들 중 TOP 10에 선정되기도 해 지명도를 높이고 있다.

마지막으로 블랙야크는 유럽 및 미주 시장 진출을 위한 교두보를 확보하기 위해 2014년 NAU를 인수했다. 'NAU'는 '파타고니아', '나이키', '아디다스' 등의 상품 개발자들과 손잡고 2007년 미국 오리건주 포틀랜드에서 런칭된 아웃도어 브랜드로 친환경주의에 입각해 도시적이고 세련된 디자인을 특징으로 내세우며 미국과 캐나다는 물론, 유럽, 일본에서도 제품력을 인정받아 왔다. 블랙야크는 NAU를 인수한 후 같은 해 미국 오리건 주에 있는 포틀랜드에 NAU International을 설립했고 독일 뮌헨에 블랙야크 유럽법인을 설립했으며 현재는 유럽 13개국과 미국 및 캐나다에 매장을 오픈하여 기반을 쌓고 있다. 블랙야크는 현재도 NAU를 독립 브랜드로 운영하고 있는데, NAU는 2017년 OR쇼에서 친환경 소재 사용, 공정무역 등 지속가능 경영 철학을 인정받아 아웃도어 산업단체인 OIA(Outdoor Industry Association)이 수여하는 지속가능성상(sustainable award)을 수상한 바 있다.

블랙야크의 글로벌 시장 개척은 지금도 진행되고 있다. 블랙야크는 국제 시장에서도 통할 수 있는 제품력을 확보하고 신생 브랜드로서 인지도를 갖춘 후 고유한 브랜드정체성(brand identity)을 확보하기 위해 노력하고 있다. 특히 NAU 인수는 블랙야크만의 경영철학을 정립하는 계기가 되는데, 이하에서는 강태선 회장의 경영철학이 진화되어 온 과정을 소개하기로 한다.

2. 강태선 회장의 경영철학과 블랙야크의 친환경 경영

1) 도전의 가치를 경영철학으로 정립하는 시기

강태선 회장은 산악인으로 등산가들에게 필요한 장비와 의류를 제공하기 위해 사업을 시작했다. 강회장은 국내 최고 수준의 산악인들과의 등산을 함께 하면서 도전의 가치를 체화시켰고 열악한 환경에서도 등산인이 살아남을 수 있는 최고 수준의 기능성 의류를 제공하는 회사를 고집해 왔다.

강태선 회장은 산악인으로서 안전한 등산을 돕기 위해 사업을 시작했다. 강태선 회장은 1980년 거봉 산악회를 만나 회원으로 가입해 각종 산악단체를 후원하면서 산악인 양성을 지원해 왔다. 2000년 강태선회장이 서울산악연맹의 회장을 맡으면서 산악인의 도전을 위한 체계적인 지원이 시작되었다. 2001년 엄홍길 대장은 14좌 등반을 완성했고 또한 바람직한 등산문화를 정착시키기 위한 재단을 설립했는데 강회장이 이 재단의 가장 적극적인 후원자이다. 블랙야크는 여성으로서는 세계 최초로 14좌 거봉 완등에 성공한 오은선 대장을 그리고 14좌를 완등한 김미곤 대장을 후원했다. 오은선 대장은 2004년 한국 여성 최초로 세계 7대륙 최고봉 완등이라는 역사를 만들고 2005년부터 14좌 완등에 도전하기 시작했는데 그녀의 여정에 블랙야크가 함께 해 온 것이다. 이 외에도 강태선 회장은 수많은 산악단체와 산악인들을 후원 및 지원해 왔다. 강태선 회장은 2003년 단장으로 19명의 원정대를 구성해 본인이 직접 히말라야 최고봉 에베레스트를 등반한 바 있는데, 당시 엄홍길 대장이 부대장이었다. 이러한 노력으로 블랙야크는 정통 프리미엄 아웃도어 브랜드로서의 위상을 확보할 수 있게 된다.

〈사진〉 '사람이 산이다' TV CF 광고

강태선 회장이 산악인들과 함께 등산하면서 도전의 가치를 체화시켰다. 블랙야크는 창업에서부터 지금에 이르기까지 수많은 우여곡절을 겪었지만, 강태선 회장은 역경에 굴하지 않고 항상 도전해 왔고 산악인들을 위한 최고의 제품을 고집해 왔다. 이러한 철학은 2003년 방영된 TV CF에 잘 반영되어 있다. 블랙야크의 최초 TV CF엔 “최고의 등반기술은 살아남는 것이다. 최고의 등산제품은 생존을 책임지는 것이다. 온갖 역경을 이겨내며 정상에 오른 사람. 그 사람이 산보다 위대하다. 사람이 산이다! 블랙야크.”라는 메시지가 담겨있다. 도전하는 사람들에게 최고의 제품을 제공하면서 동반자가 되겠다는 경영철학이 잘 담겨져 있다.

2) 친환경 활동을 시작하는 시기

블랙야크의 강태선 회장은 등산인으로 산악활동을 하면서 산에 버려지는 쓰레기를 목격하게 된다. 이때 강회장은 지속가능한 등산을 위해 환경보존의 중요성을 직접 느끼게 되고 친환경 경영을 시작한다.

강태선 회장이 직접 산악활동을 하면서 도전의 가치를 정립했을 뿐만 아니라 환경보존의 중요성을 인식하게 된다. 국내에 레저붐이 불면서 등산객이 많이 늘어났으나 바람직한 등산문화는 아직 정착되지 못하고 있었다. 등산할 때 가지고 간 음식물 쓰레기 방치, 고성방가, 음주가무 등이 등산문화였던 시절이 있었다. 당시 강태선 회장은 산악인으로 회원들과 함께 국내외 산을 직접 등정하면서 산에 버려지는 쓰레기 문제를 직접 목격하게 된다. 등산의 가치는 ‘복잡한 생활에서 벗어나 산을 찾고 공해를 피해서 맑은 공기를 마시며 건강을 다지면서 답답하고 피로한 심신을 달래주는 것’이다. 이러한 등산의 가치를 지속적으로 누리기 위해서는 산을 보호해야 했다. 그래서 블랙야크는 산 쓰레기 수거, 나무 심기 등의 환경보존활동을 시작했다.

블랙야크는 2008년 환경보호와 자원 재활용 운동의 하나로 범국민 폐 휴대폰 수거 캠페인을 한국 전자산업 환경협회와 함께 진행했다. 당시 연간 1,600만 대의 폐 휴대폰이 발생되지만, 업체를 통해서 수거되고 있는 물량은 약 500만 대에 불과했다. 자원 손실과 환경오염 우려의 지적이 높았다. 폐 휴대폰은 금, 은, 동 등의 금속이 함유되어 있어 재활용 가치가 아주 높다. 블랙야크와 마운티아는 폐 휴대폰을 수거해 오는 고객들에게 20% 할인권을 제공했으며, 카리모어는 고급 2중 보온 컵을 증정했다. 이 행사는 목표량을 넘어 35만 대의 폐 휴대폰을 수거하는 성과를 거두었다.

동진레저는 2008년 F/W 시즌 주제를 'Extreme Limit'로 정하고 블랙야크는 물론 마운티아와 카리모어의 전문가용 라인도 강화를 시켰다. 극한에 도전하는 산악인들의 알피니즘 정신이 제품에 반영되었다. 이때 스포츠클라이밍 활성화를 위한 CNC 라인과 친환경 소재를 사용한 오가닉 라인도 강화됐다. 오가닉 라인은 리사이클 소재와 코코넛 등을 사용한 원단으로 에코패션 제품을 지향한 제품이다. 강태선 회장은 "친환경 소재에 대한 소비자들의 인식이 아직 높지 않지만, 지구의 환경을 생각하는 기업의 정신을 잘 이해시키는 브랜드가 앞으로 시장을 주도하는 기업이 될 수 있다."라고 역설한 바 있다.

블랙야크의 친환경 활동은 국내뿐만 아니라 해외에서도 전개되었다. 블랙야크가 해외에서 전개한 대표적인 친환경 활동은 만리장성에서의 환경보호 운동이다. 중국은 블랙야크가 해외로 진출한 첫 번째 국가로 그 의미가 각별했다. 1987년부터 만리장성 환경보호에 일생을 바치고 있는 영국인 '윌리엄 린드세이'와 함께 블랙야크는 2002년 5월부터 만리장성의 쓰레기를 치우는 활동을 후원했다. 당시 블랙야크는 환경보호 캠페인 광고를 집행하면서 만리장성에 쓰레기통을 설치하기 시작했고, 2005년엔 블랙야크 만리장성용 대형 쓰레기통 설치 전수식이 개최되었고, '만리장성을 지키는 친구들'이라는 환경단체에 등산용품 제공 등의 협찬도 제공했다.

〈사진〉 만리장성 대형 쓰레기통 설치 전수식

블랙야크는 네팔의 대지진 피해 지역을 돕고 교육을 지원하는 네팔 재건 사업도 진행한 바 있다. 네팔과 각별한 인연이 있는 블랙야크는 대지진 이후 자발적 모금 활동을 통해 총 12억 원 규모 상당의 물품과 성금, 긴급구호팀 등을 지원하며 네팔의 피해복구에 관심을 가져왔다. 이후 재건 사업 대상 마을과 학교를 선정하였고, 132평 규모에 12개의 교실을 갖춘 2층 건물의 학교가 재건되었다.

3) 친환경 철학과 가치를 정립하는 시기

블랙야크는 친환경 브랜드 NAU를 인수하면서 친환경 가치를 정립하게 된다. 이때 블랙야크는 '인간과 자연의 공존'이라는 미션을 정립하고 단발적인 친환경활동이 아닌 친환경 가치를 지속적으로 구현하고 있다.

블랙야크가 글로벌 시장 진출을 선언하면서 NAU라는 브랜드를 만나게 되고 이 브랜드를 통해 친환경에 대한 가치를 정립하게 된다. NAU는 2007년 미국에서 런칭된 아웃도어 브랜드로 사업에서 친환경 철학을 구현하고 있었다. 이 브랜드는 'unfuck the world'와 'sustainable comes standard' 슬로건을 바탕으로 100% 친환경 소재를 사용하면서 패션사업을 넘어 지속가능성이라는 가치를 실천하고 있다. NAU라는 브랜드는 오가닉 코튼을 쓰더라도 이 코튼이 만들어지는 지역, 그 공장 내에서 일하고 있는 노동자들의 근무환경, 그리고 만들어지는 과정에서 사용되는 물이나 염료 등에 대해 처리되는 과정을 세심하게 확인하고 있었다. 또한, 이 브랜드는 제품이 유통되는 과정에서도 그들의 지속가능성의 기준을 제시하고 있었는데, 생산된 제품이 공장에서부터 물류, 매장, 그리고 최종 소비자까지 도달하는 과정을 도표화 해놓고 그 물류 이동 과정에서 발생되는 탄소배출량(carbon footprint)을 최소화 할 수 있는 방법이 무엇인지 연구해 왔다.

강태선 회장은 NAU가 추구하는 지속가능성이라는 가치가 회사의 지향하는 방향과 잘 맞는다고 판단하고 2015년 NAU를 인수했다. 블랙야크는 NAU의 구체적인 친환경 활동을 배울 수 있었고 NAU의 경영방식을 블랙야크에 접목하기 시작한다. 이때 강태선 회장은 단순히 친환경 활동을 하는 것을 넘어서 가치에 기반한 경영을 하게 된다. 그래서 블랙야크의 기업사명이 '인간과 자연의 공존'으로 설정되었다. 블랙야크의 제조철학엔 디자인

철학(인체공학적인 설계와 아름다운 컬러, 패턴, 기능성을 지닌 최상의 소재를 조합하여 블랙야크만의 기능적이면서도 아름다운 제품을 완성)과 함께 장인정신, 정밀성이 있는데, 그 중에서도 강조하는 것이 지속가능성이다. 블랙야크가 가치에 바탕을 둔 지속적인 친환경 활동을 전개하기 시작한 것이다.

이후 블랙야크는 친환경 제품개발에 남다른 관심을 가지고 이를 위한 연구를 지속해 왔다. 블랙야크는 2013년부터 의류제품에는 긴 사슬 발수제(PFOA)가 아닌 C-6 이하의 짧은 사슬 발수제를 사용하는 등 국내에 마련된 기준이 없음에도 자체적으로 유럽 환경청의 기준을 만족하는 친환경 정책을 실천하고 있다. 블랙야크는 2015년 국내 패션기업 최초로 친환경정책 야크그린(YAK GREEN)을 선포하고 산업통상자원부 국책 사업의 지원을 받아 친환경 발수제를 적용한 기능성 팬츠를 선보였고, 현재는 제품군을 확대하고 있다. 또한, 국내 최초로 물을 사용하지 않고 이산화탄소로 염색해 물 방류량을 절감하는 염색법을 적용하거나, 자연 그대로의 시원함과 쾌적함을 느낄 수 있는 친환경 한지 섬유의 제품을 선보이는 등 자연 및 인체 친화적 제품을 지속적으로 선보이고 있다. 블랙야크는 2018년 전 제품에 대해 채취, 생산, 유통 등 전 생산 과정에서 동물 복지 기준을 준수한 RDS(Responsible Down Standard)[10]을 인증받았고, 2019년 살아있는 오리나 거위의 솜털, 깃털을 뜯어내지 않고 버려진 침구류 등에서 채취한 우모를 철저한 세척과 건조 작업으로 재가공한 다운 제품을 처음으로 소개하면서 업계의 '리사이클 다운' 활용을 선도하고 있다.

NAU 인수는 회사가 국제기구들이 강조하는 지속 가능한 발전과 ESG라는 사회적 명제를 블랙야크에 내재화하는 계기를 마련해 주었다. 그리고 블

10 조류에서 털을 얻기 위해 살아있는 동물의 털을 뽑는 라이브 플러킹(live plucking)을 하지 않고 윤리적인 방법으로 털을 채취하여 만든 다운 제품에 발행되는 인증마크이다.

랙야크는 이를 넘어서 소비자와 함께 하는 친환경 활동이라는 새로운 영역을 개척하게 된다.

4) 커뮤니티 회원들과 함께 친환경 활동을 시작하는 시기: 블랙야크강태선 나눔재단과 BAC(Blackyak Alpine Club)의 창립

블랙야크의 사업에 지속가능성이라는 철학과 가치가 반영되면서 블랙야크의 친환경 활동은 일회성에서 지속적인 것으로 전환된다. 이를 위해 블랙야크 강태선 나눔재단과 BAC(Blackyak Alpine Club)이 만들어진다.

(1) 나눔재단의 설립

> 블랙야크는 인간과 자연과의 공존이라는 기업사명을 구현하기 위해 2013년 사회복지법인 '블랙야크강태선나눔재단(이하 나눔재단)'을 설립했다. 이 재단은 환경, 소외계층, 아동과 청소년을 위한 활동을 하고 있다. 특히 블랙야크청년셰르파(Y.A.K: You Are Keepers)를 모집해 국내외에서 방치되고 있는 쓰레기를 수거하는 활동을 매년 진행하고 있다.

블랙야크는 아웃도어 기업으로 사업을 통해 인간과 자연과의 공존이라는 기업사명을 구현하기 위해 2013년 사회복지법인 '블랙야크강태선나눔재단'을 설립했다. 이 재단은 환경(산으로부터 시작된 환경에 책임을 다함), 사람(소외계층을 도와 자립에 도움을 줌), 미래(아동과 청년의 잠재력을 인정하고 가치구현에 도움을 줌)라는 미션을 설정하고 다양한 활동(소외계층 지원, 지역사회 봉사활동, 해외지원 사업, 재난응급구호, 사회복지 지원)을 전개하고 있다. 특히 우리나라의 아름다운 자연을 보호하기 위해 청년들과 함께 쓰레기를 수거하고 있다.

〈그림 8〉 나눔 재단의 소명 및 비전

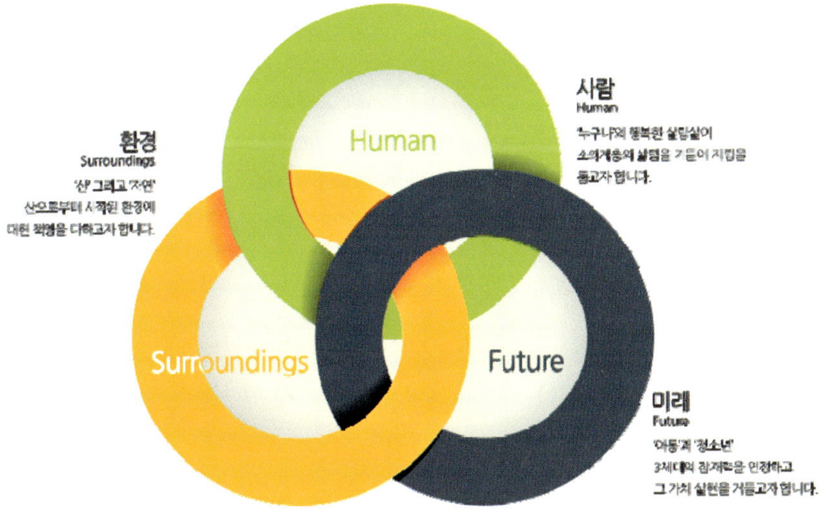

나눔재단은 2016년부터 대학(원)생을 중심으로 블랙야크청년셰르파(이하 청년셰르파)를 모집해 이들을 환경지킴이'(Y.A.K.: You Are Keepers)' 활동을 전개하고 있다. 이 청년셰르파들은 중국 네이멍구 쿠부치 사막에서 황사와 미세먼지 방지를 위한 활동을 전개해 왔다. 쿠부치 사막은 세계에서 9번째로 큰 사막으로 동북아시아 황사의 진원지로 알려져 있고 서울의 5배가 되는 면적에서 사막화가 진행되고 있다. 이 프로젝트는 연 1회 5박6일 일정으로 진행하고 있는데, 이 기간 동안 쓰레기 수거를 통한 환경정화 활동, 식목 활동 및 식수 활동이 전개된다. 블랙야크는 청년셰르파를 구성해 직원들과 함께 이 지역에 지금까지 2,000여 그루의 나무를 심어 희망의 숲을 조성했고 매년 사업규모를 확장하면서 쿠부치 사막 내에 블랙야크 그린 존을 조성하고 있다.

〈사진〉 황사 초미세 먼지 유입경로

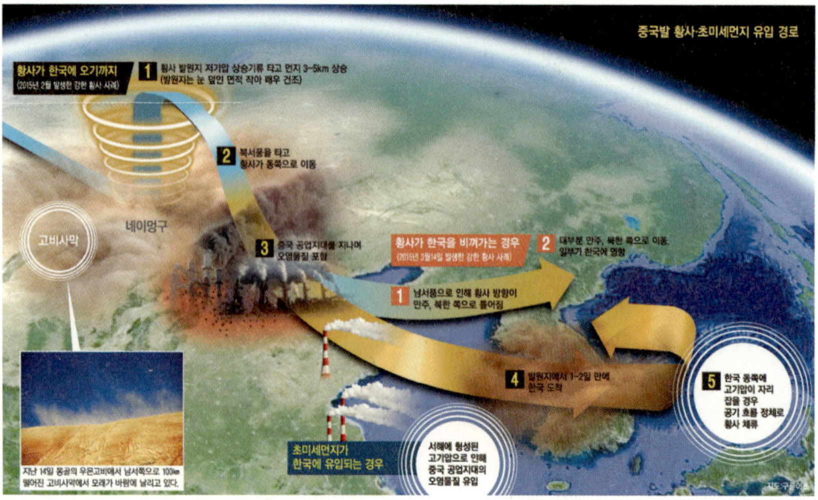

또한, 이 재단은 2020년부터 청년셰르파들이 중심이 되어 K-pure*섬티아고 프로젝트도 진행하고 있다. 이 프로젝트의 목적은 해양오염의 실태를 파악하고 비치코밍 활동을 통해 섬 주변 해양쓰레기를 정화시키는데 있다. 국내외에서 관광객 유치 활성화에 주력하고 있는 섬지역 중 재정 자립도가 낮은 곳을 선정해 해양쓰레기 정화활동이 시작된 것이다. 2020년의 경우 전라남도 우이도에 40명의 청년 셰르파가 선발되어 6000L의 쓰레기가 수거되었다. 나눔재단은 이러한 활동에 관심 있는 청년들은 매년 선발하고 있다. 자연을 보호한다는 자부심과 함께 탐험의 즐거움을 함께 누릴 수 있는 프로젝트에 더 많은 젊은이들이 지원하게 될 것이다.

〈사진〉 청년셰르파 발대식의 모습

블랙야크는 전국에 있는 지역의 고유한 특성을 살린 아웃도어 활동을 지원해 고유한 지역 문화구축과 경제적인 활성화에도 기여하고 있다. 예를 들어, '제 8회 철원 한탄강 얼음 트레킹 대회', '2019 한라산 고상돈로 전국 걷기대회', '2019 전국 드라이툴링 대회[11]' 등을 후원하며 자연의 시작점인 '산'과 연결한 각 지역별 고유색에 맞는 다양한 아웃도어 활동을 지원하고 있다. 블랙야크는 이 외에도 기후변화(지구 온난화)로 파괴되는 남극과 북극을 보존하기 위해 W-재단이 진행하고 있는 'HOOXI' 캠페인도 후원하고 있다.

11 클라이밍의 한 분야인 '드라이툴링'은 빙벽 등반 장비를 이용해 암벽과 인공 구조물을 등반하는 경기이다.

(2) BAC(Blackyak Alpine Club) 창립

블랙야크엔 지속가능한 소비문화를 선도하는 BAC(Blackyak Alpine Club)라는 브랜드 커뮤니티가 있다. 이 커뮤니티는 2013년 설립되었는데, 회원들은 우리나라 명산을 즐겁게 탐험하는 행사를 진행하면서 국내외의 산, 강, 바다에 버려진 쓰레기를 수거하는 명예로운 환경 지킴이 활동을 전개하고 있다. 블랙야크는 커뮤니티 회원들과 함께 하는 친환경활동이라는 새로운 영역을 개척하고 있다.

블랙야크는 이미 오래전부터 우리나라의 산을 보호하기 위한 활동을 해 왔지만, 회사가 전개하는 활동만으로는 한계가 있음을 인식하고 소비자들과 함께 하는 친환경 활동을 모색하게 된다. 그 결과 블랙야크에 매우 특별한 브랜드 커뮤니티가 만들어졌다.

블랙야크는 2012년 등산객들이 도전할만한 가치가 있는 명산 40개를 선정했다. 그리고 2013년 창사 40주년을 기념해 40개의 명산을 도전할 3,000명을 모집했다. 이 프로그램에 응모한 3,000명 중 1,600여 명이 40개 등반을 완주했고 이들을 중심으로 알파니스트들의 모임이 시작되면서 BAC(Blackyak Alpine Club)라는 커뮤니티가 만들어진다. 이 커뮤니티는 블랙야크의 어플리케이션에 기반을 둔 소셜 액티비티 플랫폼으로 산을 좋아하는 사람들로 구성되어 있다. 알파니스트는 설산을 오르내리며 도전의 가치를 실천하고 도전을 통해 자연의 위대함을 실천하는 사람들이다. 블랙야크는 이들에게 히말라야를 오르는 수많은 전문 등반가들과 함께 도전할 기회도 제공하고 있다. 시간이 지나면서 BAC은 일상에서 도전을 계속하며 자연 속에서 삶의 긍정적인 변화를 이끌어가는 등산 애호가들의 모임으로 확대되었다.

블랙야크는 이 커뮤니티를 활성화하기 위해 본사에 'extreme team'을 만들고 등산 동호인들을 위한 다양한 프로그램을 개발해 왔다. 대한민국을 대표하는 100대 명산을 오르는 '명산 100' 프로그램(2013년), 백두대간을 거니는 '백두대간' 프로그램(2017년), 우리나라 대표적인 섬과 산을 여행하는 프로젝트인 '섬&산 100' 프로그램(2017년)이 개발되었고 최근에는 낙동정맥, 한북정맥, 한남동맥, 한남금북정맥과 '명산 100+', '강원 20대 명산챌린지' 프로그램들이 개발되었다. 이 프로그램들은 각 지역의 전문 산악인이 미리 답사를 통해 도전단의 안전이 고려되었다. 'Extreme Team'은 프로그램과 함께 등산객들의 도전을 위한 다양한 정보(준비물, 등산 상식, 등산 루트 등)를 웹 매거진을 통해 회원들에게 제공하고 있다. 회원들은 회사가 준비한 프로그램들을 통해 도전의 가치와 자연의 위대함을 경험하게 된다.

〈사진〉 웹 사이트 도입부에 있는 BAC 소개글

BAC 커뮤니티에는 회원들이 자발적으로 만들어 운영되고 있는 300여 개의 클럽도 있다. 이 클럽들은 동창회나 지역대리점이 중심이 되어 운영된다. 각 클럽은 50명 이내로 제한되고 있고 팀들은 서로 실적을 경쟁하기도 한다. 블랙야크는 실적에 따라 매월 우수클럽을 선정해 이들의 활동을 지원(예: 버스 대여 등)해 주고 있다. 회원들의 도전이 개인 단위로 진행될 수 있고 팀 단위로도 진행될 수 있는 체계가 갖춰진 것이다.

이 커뮤니티는 회사에 의해 운영되고 커뮤니티에 가입할 수 있는 조건은 없다. 산에 관심 있는 사람은 누구나 가입할 수 있는데 앱 스토어나 구글 플레이에서 앱을 다운로드 받아 가입하면 된다. BAC에 가입한 등산 동호인들은 개인별로 또는 팀별로 회사에서 제안한 프로그램들 중 지정된 장소에서 도전을 등록한 후 등정실적을 인증 받는 절차를 거친다. BAC 커뮤니티만이 갖고 있는 특별한 전통이다. 히말라야 최고봉을 등정한 산악인들은 전문가에 의해서 인증 받는 절차를 거치게 되는데, 바로 이러한 방식이 커뮤니티 운영에 반영된 것이다. 그리고 인증 실적에 따라 등산가로서의 등급이 부여된다. 회원들에게 도전을 통한 건강관리를 장려하는데 매우 적합한 방식이다. 이러한 인증 방식은 초기 회원 수가 증가하는데 중요한 역할을 하게 된다.

(3) BAC 회원들이 자발적으로 전개하는 친환경 활동

McAlexander et al.(2002)은 HOG(Harley-Davidson Owners' Group)[12]라는 커뮤니티 회원으로 참가해 이들의 활동을 분석한 후 새로운 마케팅 모델로 소비자 중심의 커뮤니티 활동을 소개한 바 있다. 이 커뮤니티는 할리 데이비슨 오토바이를 타고 다니는 사람들에 의해 구성되어 있는데, 이들은 다양한 행사를 진행하면서 오토바이를 타는 즐거움을 누릴 뿐만 아니라 브랜드에 대한 주인의식을 갖고 있다. 그는 기업과 소비자와의 관계에서 커뮤니티를 구성하고 있는 회원들을 브랜드의 주인으로 기업을 커뮤니티에 대한 지원자로 설명(customer-centric brand community)한다. 소비자들은 과거와 같이 제품이나 서비스를 선택하고 사용하는 역할을 넘어 다른 소비

12 할리 오토바이를 타고 다니는 사람들이 구성한 커뮤니티로 이들은 자신들이 기획한 다양한 행사를 진행하면서 오토바이를 타는 즐거움을 누릴 뿐만 아니라 회사의 활동에 영향을 미치고 있다. 회사는 이들의 활동을 지원하면서 회원들을 핵심 고객층으로 확보하고 있다.

자들과 제품 사용경험을 공유하고 있고 이를 통해 새로운 소비가치를 찾아내거나 고유한 집단적 소비문화를 생성하기도 한다(Sherry, Kozinets, Borghini 2007).

블랙야크는 BAC 커뮤니티를 운영하지만, 커뮤니티만의 고유한 전통을 구축하기 위해 노력하고 있다. 앞서 설명한 인증이라는 전통은 회원들에게 도전에 대한 특별한 의미를 부여해 준다. 그리고 블랙야크는 BAC 커뮤니티 회원들에게 특별한 사회적 역할을 제안하고 있다. 등산은 시간이 오래 걸리기 때문에 등산객들은 여러 가지 음식을 가지고 가게 되고 이를 적절히 처리하지 않으면 산에 방치되기 쉽다. BAC 회원들은 등산하면서 자신들이 가져간 음식이나 물건들의 흔적을 남기지 않기 위해 노력할 뿐만 아니라 산에 버려진 쓰레기를 수거하는 역할도 하고 있다. 강태선 회장이 BAC라는 커뮤니티를 만든 목적은 여기에 있었다.

커뮤니티 특징 중의 하나는 도덕적 책임감이다. 지금까지 알려진 대부분의 브랜드 커뮤니티가 형성하는 도덕적 책임감은 회원들 사이의 배려와 관련된 것이었다. BAC 회원들이 형성하고 있는 등산문화엔 누군가 버리고 간 쓰레기를 수거한다는 사회적 책임감이 있다. 이 커뮤니티가 특별한 이유가 여기에 있다. BAC는 지속가능한 소비를 선도하고 실천하는 브랜드 커뮤니티로 진화되고 있는 것이다. BAC 커뮤니티 회원들이 자발적으로 실천하는 친환경활동들을 소개하면 다음과 같다.

'클린마운틴 365': 블랙야크의 'extreme team'은 회원들에게 등산할 때 최소한의 것만 자연으로 가져가고 돌아올 때는 버려진 쓰레기를 수거하자는 'HEAVIER BACKPACK' 캠페인을 전개하고 있다. 등산을 포함한 아웃도어 활동은 환경을 훼손하거나 오염시킬 우려가 있다. 등산가들은 아웃도어 활동을 하며 손쉽게 일회용 용기와 팩을 사용하며 페트병에 담긴 물과 음료를 마시게 되고 그 경과 그 흔적들이 남게 된다. 그래서 BAC은 2016년부터 공식적으로 '클린마운틴365' 활동을 시작했다. 회원들이 등산하면서 산들에 버려져 있는 페트병과 쓰레기들을 수거하고 있다. 뿐만 아니라 회원들은 관련 해시태그로 SNS에 인증 샷을 공유하는 등 자연 보호를 하나의 놀이로 인식하며 보다 적극적으로 활동하고 있다. 이들은 앞으로도 명산과 섬을 탐험하는 즐거움과 함께 산, 들, 바다에 버려진 쓰레기를 수거하는 환경지킴이가 되어갈 것이다. 환경적 가치가 부여된 커뮤니티 활동에 더 많은 동호인들이 참가하게 될 것임은 자명해 보인다.

BAC 캠페인 안내문

'HEAVIER BACKPACK' 최소한의 것만 자연으로 가져가고 돌아올 때는 버려진 쓰레기를 가지고 돌아오는 자연보호 캠페인입니다.

우리는 자연에서 많은 것을 얻습니다. 힘든 일상을 벗어나 자연에서 머무는 동안 몸은 휴식을 취하고, 마음은 새로운 활력을 얻습니다. 그러나 사람들이 자연에서 활동하는 과정은 자연에 대한 환경적 영향을 수반하게 됩니다.

지난 수년간 명산100과, 백두대간, 섬 & 산 등의 프로그램을 함께하면서 우리는 산에 버려진 수많은 쓰레기들을 보아왔습니다. 그것들은 우리 또는 우리와 같은 사람들이 산행을 하면서 버린 쓰레기들입니다. 그리고 8년 동안 우리는 회원들과 함께 버려진 쓰레기들을 주워 담고 있습니다.

'HEAVIER BACKPACK'은 우리의 모든 아웃도어 활동에서 실천해야 할 행동 원칙으로 "더 무거운 배낭이 자연을 지킨다."는 아웃도어 실천 캠페인 입니다. 일회용품 사용을 최소화하고 버려진 쓰레기를 수거하는 'HEAVIER BACKPACK'은 "더 무거운 배낭으로 떠나기"와, "더 무거운 배낭으로 돌아오기"를 실천하는 것을 목표로 합니다. 우리가 자연으로 떠날 때 가벼운 배낭이 항상 최선이 아닙니다. 때로는 더 무거운 배낭이 자연을 위해 더 나은 선택이 될 수 있습니다. 'HEAVIER BACKPACK'은 BAC의 모든 프로그램에 적용되는 활동 수칙이며 자연에 대한 최소한의 배려입니다.

'클린도전단': 앞서 소개한 '클린마운틴 365' 활동은 회원들이 명산 탐험을 즐기면서 쓰레기를 수거하는 것이다. 블랙야크의 'extreme team'은 보다 적극적으로 명산들을 보호하기 위해 BAC 내에 '클린도전단'이라는 별도의 커뮤니티를 만들었다. 회사가 매주 환경보호를 위한 프로그램을 만들어 사이트에 올리면 회원들이 자발적으로 참여하는 형태이다. 지금은 회원들이 자율적으로 팀을 구성하기도 한다. '클린도전단'은 등정보다는 환경보호를 우선한다. 산과 섬에 버려진 쓰레기를 수거하기 위해 산이나 섬을 탐험하는 것이다. 회사는 클린도전단의 성과에 따라 포인트를 제공하면서 동기를 부여하고 있다. 일부 지역에서 시도된 '클린도전단'의 활동은 이제 매주 전국적으로 진행되고 있다. 지금도 '클린도전단'은 산과 바다에 버려진 많은 쓰레기를 수거해왔고 그 규모는 시간이 지나가면서 커질 것이다.

〈사진〉 신안군 우이도에서의 활동모습

산에 버려진 쓰레기를 수거하는 활동은 국내로 국한되지 않고 히말라야에서도 진행되고 있다. 강태선 회장은 2018년부터 '클린히말라야 트래킹' 프로젝트를 기획하고 매년 진행하고 있다. 히말라야 지역들은 쓰레기가 적절히 처리되지 않아 등반객이 버린 쓰레기로 산림이 파괴될 우려가 있다. 블랙야크는 이런 보고서를 접하고 이를 수거하는 활동을 전개하기로 한 것이다. 이 프로젝트의 참가자들은 산악대장, 셰르파, 대리점주로 구성되는데, 이들은 에베레스트 베이스캠프(5,400미터 지점)까지 트래킹하면서 버려진 쓰레기를 수거하였다. 그리고 참가들은 일반 등산객으로도 확대될 예정이다.

블랙야크는 BAC 회원의 활동을 지원하기 위해 강북구와 업무협약(내용: 우이동 활성화)을 체결했다. 북한산과 인수봉은 알파니즘의 요람이라는 명성을 갖고 있었다. 블랙야크는 이러한 명성을 회복시키기 위해 등산로 입구 근처의 건물을 매입하고 지상 5층, 지하 3층 규모의 '블랙야크 알파인 클럽 센터(BAC 센터)'를 개관했다. 이 센터는 2019년 개관되었는데, 지금은 우이동 지역의 복합문화공간으로 등산객의 사랑을 받고 있다. 특히 등산에 관심 있는 성인들과 아동들이 암벽 등반을 즐기고 있다.

(4) 성과와 전망

BAC의 회원 수는 2021년 6월 현재 26만 명을 넘어섰다. 연도별로 보면 2016년부터 회원 수가 가파르게 증가하고 있다. 특히 여성과 젊은 층의 가입률이 증가하고 있고 회원들은 전국에 고루 분포되어 있다. 회원들의 등정과 쓰레기 수거와 관련된 인증 건수도 빠른 속도로 증가하고 있다. 앞으로 BAC 회원들의 친환경활동은 우리나라의 산, 들, 바다를 아름답게 가꾸는 중추적인 역할을 하게 될 것이다.

BAC의 회원 수는 2021년 6월 현재 26만 명을 넘어섰다. 연도별로 보면

2016년부터 회원수가 가파르게 증가하고 있다. 우리나라 환경을 지키자는 클린마운틴 활동이 회원들에게 공감되고 이러한 활동을 통해 자부심을 느낀 회원들이 주변 사람들에게 가입을 제안하기 시작했기 때문이다. 전체 회원수를 성별로 보면 여성이 40% 이상을 차지하고 있고 그 비율은 증가될 것으로 예측된다. 연령대별로 보면 초기엔 50세 이상이 높은 비율을 차지했지만 최근엔 40세 이하의 젊은 층의 신규가입이 많아지고 있고 이들이 BAC 활동의 주역이 될 것이다. 지역별로는 우리나라 전국각지에서 회원들이 활동하고 있다.

회원들의 등정과 쓰레기 수거와 관련된 인증 건수도 빠른 속도로 증가하고 있다. 2020년의 인증 건수는 6만 건이 넘었다. 특히 쓰레기 수거와 관련해 회원들은 서로 경쟁을 하는 양상도 보여준다. 클린도전단은 회사가 마련해 참가자들을 모집했지만, 지금은 회원들이 자발적으로 도전단을 만들기도 한다. 매우 고무적인 것은 회원들이 등정 시 쓰레기를 수거하는 것을 책임이 아니라 하나의 놀이 또는 도전으로 받아들이고 있다는 점이다. 이러한 커뮤니티 활동에 더 많은 동호인들이 참가하게 될 것이다.

블랙야크의 BAC은 새로운 브랜드 커뮤니티 모형을 보여주고 있다. 회원들은 자신들의 관심사와 취미를 공유하면서 우리나라 자연환경을 지킨다는 자부심을 함께 누리고 있다. 이 커뮤니티 활동은 친환경이라는 시대정신과 잘 어울린다. 블랙야크는 BAC 회원의 친환경 활동을 전국적으로 체계화하고 있다. 전국의 지역별로 탐험 팀이 쓰레기를 수거한 성과를 측정하고 어느 정도 성과를 낸 팀들에게 명예 등산가라는 인증서를 발급하는 방안이다. 이 인증서는 회원들의 자긍심을 느끼게 해 줄 것이다. 그리고 블랙야크는 전국적으로 조직화된 팀들이 경쟁하는 콘테스트도 구상하고 있다. BAC 회원들의 친환경활동은 우리나라의 산, 들, 바다를 아름답게 가꾸는 중추적인 역할을 하게 될 것이다.

이와 같이 산에 버려진 쓰레기를 수거하는 BAC 커뮤니티 활동이 체계화되자 블랙야크는 국내에서 배출된 플라스틱 쓰레기로 인한 재앙을 예방하는 'PLUSTIC 패션' 캠페인을 시작했다. 이하에서는 왜 이 캠페인이 중요하고 어떻게 전개되는지 소개하기로 한다.

제4부

블랙야크가 제안하는 플라스틱 재앙 피하기 범국민운동: 'PLUSTIC 패션 캠페인'

플라스틱에 패션을 입히다

앞서 소개한 블랙야크의 친환경 활동들에서는 주목할 점이 있다. 이 활동들은 소비자들에게 보여주기 위한 1회성 행사가 아니다. 특히 커뮤니티 회원들이 전개하는 친환경활동들은 앞으로도 계속될 것이다. 우리나라 자연환경 보호라는 가치가 담겨져 있기에 BAC 커뮤니티의 회원은 증가될 것이고 그에 따라 영향력은 더욱 커지게 될 것이다.

최근 블랙야크는 미래의 재앙으로 지목받고 있는 플라스틱 처리에 관심을 기울이고 이를 재활용하기 위한 프로젝트를 시작했다. 블랙야크는 이 프로젝트를 통해 지속가능한 환경을 위한 행동 변화를 이끌어내며, 국가-지역사회-기업-소비자가 하나로 연결되는 자원 순환 생태계를 구축하고 있다. 아래에 이 프로젝트가 시작된 배경과 중요성을 정리하였다.

1. 인류 최고의 발명품 중의 하나인 플라스틱이 미래의 재앙이 될 수 있다.

플라스틱 폐기물은 인간과 자연의 안전을 위협하고 있다. 플라스틱이 자연 분해되는데 500년이 걸린다. 산, 강, 바다에 버려진 플라스틱만이 문제가 아니다. 시간이 지나가면서 이들은 미세 플라스틱으로 분해되어 토양과 바다를 오염시킨다. 플라스틱이 소비되기 시작한지 100년이 지났는데, 이 소비된 플라스틱의 재앙이 시작되고 있는 것이다.

우리의 생활에 플라스틱이 소개된 것은 100년이 넘었다. 미국의 화학자인 리오 베이클랜드(Leo Baekeland)가 인공조명에서 현상되는 인화지인 벨록스 개발에 성공한 후 페놀과 폼알데하이드를 반응시켜 최초의 합성수지를 만들어 베이클라이트(bakelite)라는 이름으로 특허를 획득했다. 오늘날의 플라스틱인 베이클라이트는 천연연료를 사용하지 않은 최초의 합성수지로 가볍고 튼튼하고 부식이 되지 않아 생활용품에 광범위하게 활용되어 왔다. 플라스틱은 '아무 모양이나 만들 수 있다'는 뜻으로 그리스어 플라스트코스(plastikos)에서 유래되었는데, 플라스틱은 열이나 압력을 가해 원하는 모양으로 쉽게 만들 수 있고 다양한 색상도 쉽게 낼 수 있고 그 형태가 쉽게 변하지 않는 특징이 있다. 플라스틱이 등장하기 전에 사용되었던 종이봉투나 유리가 있었는데, 벌목이 필요한 종이봉투에 비해 친환경적인 물질이고, 부서지거나 깨지기 쉬운 유리에 비해 훨씬 안전하게 사용될 수 있으며, 절연성, 내연성, 기계적 강도가 뛰어나 생활용품뿐만 아니라 거의 모든 제품의 원료로 활용되고 있다. 예를 들어, 우리의 생활 속에서 접한 음료 용기, 식품의 포장재, 책상이나 의자와 같은 가구, 전자제품 케이스와 부품, 자동차의 내 · 외장재, 의료기기 등에 플라스틱이 사용되고 있다, 우리가 입고 있는 옷도 대부분 플라스틱으로 만들어진다. 이런 장점으로 플라스틱은 다양한 제품을 생산하는데 활용되고 있어 플라스틱 생산량은 기하급수적으로 늘어나고 있다.

그러나 썩지 않는다는 플라스틱의 장점은 치명적인 결점이 되어 환경을 훼손하는 주범이 되고 있다. 이 사용한 플라스틱 제품을 태우면 독성물질을 배출하게 되고 땅에 묻으면 자연 분해되는데 500년이 걸려 지하수와 토양을 오염시키게 된다. 꿈의 물질로 총애를 받았던 플라스틱이 자연과 인류의 생존을 위협하는 물질이 되고 있는 것이다. 부피가 큰 플라스틱이 자연에 방치되어 생태계에 위협이 되고 있는 것은 다양한 보도를 통해 잘 알려진 현상이다. 생태계를 위협하는 주범은 미세 플라스틱이다. 생산과정에서 작게 생산되는 것을 1차 미세 플라스틱이라고 하고, 플라스틱이 사용되면서 또는 자연적으로 마모되면서 크기가 5mm 이하로 작아진 것을 2차 미세 플라스틱이라고 한다. 미세 플라스틱은 입자, 파편, 조각, 알갱이 등 형태가 매우 다양하다.

미세 플라스틱은 크기가 작아 하수 처리시설에서 걸러지지 않고 하천이나 바다로 흘러 들어가 수질은 물론 어패류까지 오염시킨다. 바다로 들어간 미세 플라스틱은 점점 더 작아지게 되고 작아질수록 바다의 독성물질과 섞여 떠다니게 되면서 미생물의 먹이가 된다. 이 미생물은 다시 물고기의 먹이가 되고 이 물고기가 인간의 식단으로 되면 우리의 몸속으로 들어와 건강을 위협하게 된다. 국내의 경우 소비자들이 다양한 종류의 어류를 주요 식단으로 섭취하고 있기 때문에 미세 플라스틱은 이미 우리 건강을 위협하고 있다.

〈그림 9〉 인간의 건강을 위협하는 미세 플라스틱

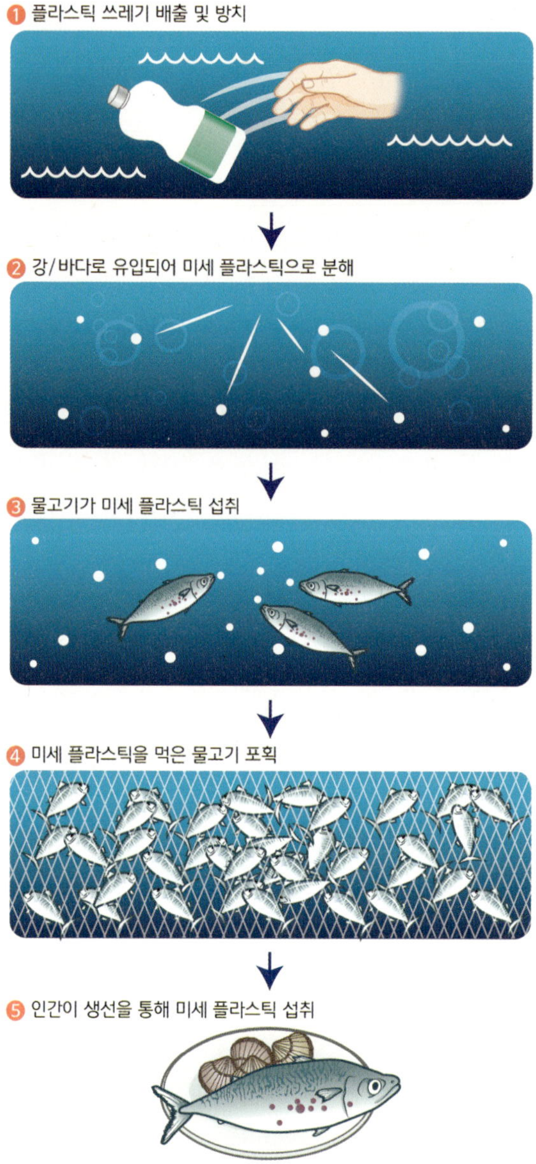

최근 바다에서 떠다니는 미세 플라스틱이 해양 생물의 몸속을 파고들어 생태계를 파괴하는 보고서가 자주 보고되고 있다. 2015년 코스타리카의 한 해변에서 코에 빨대가 꽂혀 고통스러워하는 바다거북이 발견되었고, 먹이를 찾으러 나온 북극곰이 검은 플라스틱을 물어뜯고 있는 모습이 목격되어 충격을 준 바 있다. 2019년엔 영국 북부 스코틀랜드 해안에서는 플라스틱 쓰레기를 삼킨 채 죽은 향유고래가 발견된 바 있는데, 이 고래의 사체를 부검해 본 결과 배 속에서 플라스틱 컵, 포장 끈, 그물 등의 폐기물이 발견되었다. 2019년 태국의 국립공원에서는 대형 야생 사슴이 죽은 채로 발견되었는데, 사슴의 배에서 플라스틱을 사용한 각종 용기와 비닐봉지 등이 7 킬로그램이나 나왔다. 이러한 사례는 어느 정도 크기가 있는 플라스틱이 자연에 방류되면서 나타나는 현상이어서 인간에게 경각심을 주고 있다.

그러나 미세 플라스틱이 자연과 인간에게 미치는 영향은 목격되지 않기 때문에 더 무서운 재앙이 되고 있다. 미국 국립과학원회보에 따르면 해양 조류의 90%가 미세 플라스틱을 섭취하고 있고 2050년이 되면 99%가 섭취하게 될 것이다. 미세 플라스틱이 미치는 부정적인 영향은 해양에서만 나타나는 것이 아니다. 2019년 네이처 지오사이언지 학술지에 게재된 논문이 고산지대의 대기를 분석한 결과를 보면, 표면 1제곱미터 당 365개의 미세 플라스틱이 발견되었다. 같은 해 사이언스 어드밴시스에 게재된 논문은 북극의 눈에 1리터 당 14,400개의 미세 플라스틱 입자가 발견되었다고 보고하고 있다. 이와 같이 플라스틱은 해양 생태계를 파괴하고 있고 지구의 산소공급을 담당하는 미생물과 산호를 병들게 하며 청정지역의 공기와 눈까지 오염시키고 있다. 인간이 먹는 물고기가 오염되고 있고 마시는 공기도 오염되고 있다. 이들을 통해 인간이 섭취한 미세 플라스틱이 누적되어 이상 증상이 나타날 때가 다가오고 있다.

2. 대한민국은 플라스틱 포장재 사용량은 세계 2위, 플라스틱 소비량 세계 3위 국가: 우리의 자연환경이 위태롭다.

1) 우리는 얼마나 많이 플라스틱을 소비하고 있을까?

우리나라는 플라스틱 일인당 연간 평균 소비량에서 세계 3위 국가이고 플라스틱 포장재 소비량 측면에서 세계 2위 국가이다. 코로나 현상은 배달에 따른 플라스틱 포장재 소비를 더욱 증가시키고 있다. 요약하면 우리나라는 폐기된 플라스틱으로 인한 재앙이 가장 우려되는 국가 중의 하나이다.

유로맵은 2016년 63개국을 대상으로 플라스틱 소비량을 분석해 발표한 바 있는데, 이 보고서에 따르면 대한민국은 플라스틱을 일인당 연간 평균 132.7㎏을 소비해 세계 3위이다. 많은 기업들이 플라스틱을 제품화해 판매하고 있는데, 플라스틱 포장재 소비량 측면에서 보면 세계 2위이다. 2019년 그린피스가 충남대 연구팀과 함께 조사한 보고서에 따르면 한국인은 일인당 연간 460개의 비닐봉투를, 96개의 페트병을, 그리고 65개의 플라스틱 컵을 사용한다. 이 세 가지를 합치면 한국인은 매년 약 11.5 kg의 플라스틱을 소비한다. 전체 연간 소비량으로 계산하면 586,500 톤이다.

플라스틱 사용처 가운데 가장 높은 비중을 차지하고 있고 증가속도가 빠른 것은 플라스틱 용기와 포장재이다. 전체 플라스틱 생산량에서 용기와 포장재가 차지하는 비율은 2000년 17%에서 2015년 25%로 늘어났다(김병규 2021). 플라스틱 용기와 포장재는 사용 후 바로 버려지기 때문에 자연환경에 미치는 부정적 영향은 치명적이다. 앨런 맥아더 재단의 보고서에 따르면 전 세계에서 생산되는 플라스틱 용기와 포장재 가운데 32%는 수거되지 않아 자연에 방치되고 있고 40%는 매립되고 14%는 소각된다. 재활용되는 비율은 14%에 불과하다. 플라스틱 용기와 포장재의 생산량이 빠른 속도로 증가하고 있는 반면, 이들은 빨리 소비되고 재활용 비율은 높지 않기 때문에 자연환경에 미치는 부정적 영향은 시간이 갈수록 누적될 것이다.

〈사진〉 유로맵 보고서

Country Survey
Korea Republic

		2009	2010	2011	2012	2013	2014	2015	2016E	2017E	2018E	2019E	2020E
Raw Materials Manufacturing													
Plastics Production	kt	13.193	13.360	13.236	13.618	14.293	14.175	14.411	14.446	14.553	14.659	14.980	15.147
Plastics Consumption	kt	5.460	5.895	6.078	6.159	6.320	6.594	6.719	6.887	7.056	7.227	7.387	7.539
Annual Growth Rate (year/year)	%	0,2	8,0	3,1	1,3	2,6	4,3	1,9	2,5	2,5	2,4	2,2	2,1
Compound Annual Growth Rate (2012-2016)	%	-	-	-	-	-	-	-			2,3		
Export		8.145	7.894	7.697	8.050	8.591	8.195	8.441					
Import		372	480	562	588	597	691	696					
Basic Data													
Population	Million	49,182	49,410	49,779	50,004	50,220	50,424	50,629	50,835	51,042	51,249	51,458	51,667
GDP	bn Int. $	1.367,049	1.473,651	1.559,447	1.624,581	1.698,882	1.783,950	1.848,518	1.916,439	1.998,614	2.102,030	2.212,753	2.327,708
Income per capita	Int. $/capita	27.796	29.825	31.327	32.489	33.829	35.379	36.511	37.699	39.156	41.016	43.001	45.052
Plastics consumption per capita	kg/capita	111,0	119,3	122,1	123,2	125,8	130,8	132,7	135,5	138,2	141,0	143,6	145,9

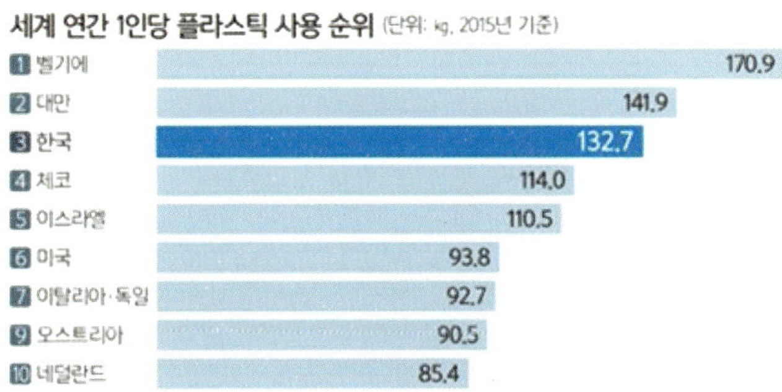

우리나라의 일인당 연간 평균 플라스틱 포장재 소비량은 세계 2위이다. 예를 들어 우리나라에서 사용되는 플라스틱 컵만 매년 30억 개가 넘는다. 특히 일회용 플라스틱 제품들이 증가하면서 이로 인한 폐기물로 인한 문제점들은 매우 심각하다. 1분마다 트럭 한 대 분량의 플라스틱이 바닷물로 쏟아져 들어간다고 한다. 최근 코로나 19는 대한민국의 생활방식을 바꾸고 있는데, 가장 주목되는 점은 온라인 쇼핑의 증가이다. 온라인 쇼핑의 증가는 배달 소비를 증가시키고 그에 따라 플라스틱의 소비량도 증가하고 있다.

플라스틱 폐기물로 인한 사회적 문제가 심각한 상황에 이르자 한국 정부도 플라스틱 폐기물을 줄이기 위해 노력하고 있다. 환경부는 2022년까지 일회용 컵 및 비닐봉지 사용량을 35% 줄이고 2030년까지 플라스틱 폐기물을 절반으로 줄인다는 목표를 세우고 있다. 이를 위해 2020년부터 생수와 음료수 용기에 유색 페트병 사용이 금지되었고, 2021년부터는 커피 전문점이나 식당에서 종이컵과 플라스틱 빨대 사용이 금지되었으며, 2022년부터는 사업장이 100개 이상인 대형 커피전문점이나 제과점, 프랜차이즈 식당에서 일회용 컵에 대한 보증금 제도가 도입된다. 그러나 이러한 노력들은 플라스틱 폐기물을 일부 줄일 수는 있으나 근본적인 해결책은 되지 못한다. 지금까지 배출되었거나 배출되고 있는 플라스틱을 어떻게 처리하느냐가 더 시급한 문제이다. 이제 플라스틱 제품이 많이 생산되고 소비되는 대한민국에서 이들이 어떻게 처리되고 있는가를 알아보자.

2) 우리나라에서 소비된 플라스틱은 어떻게 처리되고 있을까?

소비된 플라스틱이 처리되는 방식으로 재활용, 소각, 매립이 있다. 소각과 매립은 시간이 지나가면서 우리나라 자연환경에 심각한 영향을 미치게 된다. 재활용은 사용된 플라스틱이 자연생태계로 돌아가지 않게 되기 때문에 가장 바람직한 처리방식이다. 우리나라의 플라스틱 재활용 비율은 22.7%로 추산되고 있는데, 선진국에 비해 현저히 낮은 수치이다. 우리나라에서 소비되어 배출된 플라스틱이 재활용 될 수 있는 시스템 구축은 시급히 해결되어야 할 과제이다.

국내 플라스틱 폐기물 처리와 관련된 다양한 통계자료가 있으나 그 수치가 다르게 보고되고 있다. 이는 플라스틱 폐기물의 정의와 범위에 대한 법적 규정이 아직 없고 체계적인 수거 체계와 처리시설이 미흡하기 때문이다. 소비된 플라스틱이 어떻게 처리되느냐는 크게 수거되는 경우와 수거되지 않는 경우 두 가지로 구분될 수 있다. 우리는 산, 강가, 바닷가에 있는 플라스틱을 쉽게 목격할 수 있다. 이들이 일단 바다, 토양이나 강에 유입되면 정화가 불가능해진다. 우리 눈에 띄는 것은 빙산의 일각에 불과하다. 바다로 유입된 플라스틱의 2/3는 바다 속으로 가라앉아 해저 쓰레기통을 형성한다고 한다. 이들은 앞서 설명한대로 미세 플라스틱으로 분해되어 물고기를 통해 우리의 몸으로 들어올 수 있다. 버려진 플라스틱은 수로를 막아 홍수의 위험을 높이기도 한다. 버려진 플라스틱을 수거하기 위한 노력이 필요한 이유이다.

소비된 플라스틱이 수거되는 경우 처리 방식은 1) 매립, 2) 소각, 3) 재활용 등 세 가지로 구분된다. 첫 번째인 매립의 경우 우선 매립지가 부족한 상황이다. 2017년 기준 국내 폐기물 매립시설은 총 281개로 전체 매립 가능용량의 56%이다. 즉 매립이 가능하지 못할 때가 가까워지고 있다. 매립된 플라스틱도 작은 크기로 분해되어 토양을 오염시킬 수 있고 경우에 따라서는 야생동물에 의해 섭취되기도 한다. 이도 역시 우리의 안전을 위협하고 있는 것이다.

두 번째는 소각이다. 대부분 플라스틱은 화학물질을 함유하고 있다. 따라서 소각 처리 시 대기 오염물질, 비산재, 광재 등으로 전환되어 인간의 호흡기를 자극하는 발암물질과 온실가스가 배출된다. 또한 플라스틱을 만들려면 화학첨가제를 사용해야 하는데, 소각시 위험물질이 침출되어 나올 수도 있다. 현재까지 정확한 통계량이 나오지는 못하지만 플라스틱이 수거되어 매립되거나 소각되는 비율은 38%이다. 이 수치는 플라스틱을 태울 때 나오는 열을 재활용하는 에너지 회수를 제외한 것이다. 자연환경에 미치는 영향의 관점에서 보면 에너지 회수는 소각과 거의 같다고 평가된다. 그렇다면 소비된 플라스틱이 매립, 소각 또는 에너지로 회수되어 우리나라 자연환경에 부정적인 영향을 미치는 비율은 77.3%로 추산된다. 이 비율은 유럽이나 대만 및 일본과 비교할 때 훨씬 높은 수준으로 우리나라의 플라스틱 처리는 매우 미흡하다고 평가된다. 이러한 처리방식이 개선되지 않으면 플라스틱은 시간이 지날수록 우리의 생태계를 위협할 수 있다.

마지막은 플라스틱 제품들이 분리되어 배출되고 수거되어 생활용품으로 재활용되는 경우이다. 이 경우를 물질 재활용이라고 하는데, 이는 플라스틱의 물성을 변화시키지 않고 다시 플라스틱을 이용한 제품으로 재생하는 방식이다. 우리나라의 경우 플라스틱이 재활용되는 비율은 22.7% 수준인 것으로 파악되고 있다. 재활용은 플라스틱이 자연 생태계로 넘어가지 않기 때문에 가장 바람직한 처리방식이다.

분리 배출된 플라스틱 중에서 재활용 가치가 가장 높은 것은 페트병이다. 깨끗한 상태에서 분리 배출된 페트병은 파쇄된 후 열로 녹여져 고부가 가치의 패션 제품으로 재활용될 수 있다. 그러나 페트병이 유색이거나 라벨이 부착되어 있거나 다른 일반 플라스틱과 섞이게 되면 가공하는 과정에서 순도가 낮아져 패션의류로 재활용되지 못하고 부가가치가 낮은 제품(노끈, 충전재 등)으로 재활용된다. 우리나라에서 수거된 페트병 중 의류제품으로 재활용되는 비율은 10%에도 못 미치는 것으로 추산된다. 이는 대만이나 일본에 비해 낮은 수준인데, 이는 수거체계의 미흡에 기인한 것으로 보인다. 종합하면, 국내에서 배출된 페트병이 부가가치가 높은 패션 제품으로 재활용되는 비율은 매우 낮다고 평가된다.

3. 우리나라는 해외의 플라스틱 폐기물을 수입하고 있음을 알고 계십니까? 해외의 폐 페트병을 수입해 재활용된 의류제품이 판매되고 있습니다.

우리나라에서도 소비된 페트병을 재활용해 의류제품을 판매하는 회사들이 적지 않다. 그러나 재활용된 의류의 대부분은 그 원료를 해외에서 수입하고 있다. 우리나라 자연환경을 보호하는 것이 아니라 해외의 쓰레기를 처리하고 있는 것이다. 블랙야크가 'PLUSTIC 패션' 프로젝트를 시작한 결정적 이유이다.

플라스틱 폐기물이 가져다주는 문제로 폐기물 처리는 모든 국가의 골칫거리가 되고 있다. 많은 선진 국가들은 자국 내에서 배출한 플라스틱 폐기물을 처리하는 시스템을 갖추기보다는 이를 수출하는 방법을 모색해 왔다. 플라스틱 폐기물을 처리하는 시스템을 갖추는 데는 적지 않은 인건비가 들어가기 때문에 인건비가 저렴한 동남아 국가에 수출하는 것이 더 경제적이다. 그러나 플라스틱 폐기물 최대 수입국가인 중국(전 세계 플라스틱 폐기물의 46%가 중국으로 보내졌음)이 플라스틱 폐기물 수입을 금지하고 주변 동남아시아 지역의 국가들도 자국 환경을 보호하기 위해 수입을 제한하자 플라스틱 폐기물 처리가 쉽지 않아졌다. 한국도 예외는 아니다. 환경부 자료에 따르면 2018년 플라스틱 폐기물 수입량이 전년대비 세배가 증가했다. 한국의 플라스틱 폐기물 수입량은 2017년 3,800톤에서 2018년 12,000 톤으로 증가했다. 한국은 국내에서의 플라스틱 소비량도 많은데, 플라스틱 폐기물을 수입까지 하고 있는 셈이다.

한국에서의 플라스틱 폐기물의 문제점을 보여주는 사건이 있었다. 2019년 미국의 CNN은 경북 의성군의 방치된 17만 톤이 넘는 폐기물 처리장의 쓰레기 산을 소개하면서 플라스틱 최대 소비국의 단면을 보도한 바 있다. 재활용업체가 수거한 폐기물들이 처리되지 않은 채 방치되면서 쓰레기 산으로 변한 것이다. 이 방치된 쓰레기 산이 지역사회에 미치는 영향은 이미 설명한 바 있다. 이후 의성군은 관련 기관들과의 협력을 통해 폐기물들을 분류해 14만여 톤을 시멘트 보조 연료, 순환토사로 재활용하고 6만여 톤을 소각 및 매립해 처리했지만 이를 위해 282억 원의 비용이 지출되었다. 폐기물이 제대로 처리되지 못했을 때 나타날 수 있는 현상을 생생하게 보여준 사건이었다.

〈사진〉 플라스틱 폐기물이 방치되어 형성된 의성군 쓰레기 산의 처리 전과 후의 모습

블랙야크의 강태선 회장은 바로 이러한 대한민국 플라스틱 소비 및 처리 상황을 접하면서 중요한 두 가지 사실을 파악하게 된다. 첫째는 국내에서 소비되고 배출되는 플라스틱이 제대로 처리되지 않고 있다는 점이다. 우리가 소비한 플라스틱 용기들은 수거 및 처리 시스템의 미비로 방치되거나 매립 및 소각으로 우리의 자연환경을 훼손하고 있다. 둘째는 국내에서 판매되는 재활용 의류(페트병을 재활용한 의류를 의미함)들이 대부분 원료를 외국(주로 일본, 중국, 대만)에서 수입하고 있다는 점이다. 국내의 경우 소비된 '투명 페트병'이 배출되고 수거되는 과정에서 '기타 폐기물과 혼합 및 오염되는 문제'로 인해 고부가가치의 재활용 원료 생산이 원활하지 못한 실정이다. 그 결과 일반적인 방식으로 생산되는 원가에 비해 국내 페트병을 재활용한 원사의 원가는 약 1.8배, 수입한 페트병을 재활용한 원사의 원가는 1.6배 높아지게 된다. 즉, 국내 원사업체가 국내에서 배출된 '재활용 페트병의 원료'를 구매하는 단가는 수입단가보다 높은 상황이기 때문에 원사업체가 단가가 낮은 해외 원료를 수입하는 것을 선호하는 것은 당연한 결과이다.

블랙야크의 강태선 회장은 이러한 문제점을 직시하고 우리나라에서 배출된 투명 페트병이 체계적으로 수거되고 이들이 재활용 원료로 활용되는 생태계를 구축하는 'PLUSTIC 패션' 프로젝트를 시작했다. 페트병을 재활용해 폴리에스터 원사로 만드는 기술을 바탕으로 의류제품 생산이 가능해지면서 이 프로젝트가 기획된 것이다. 패션업체가 의류를 생산하기 위해 사용하는 주요 원자재는 폴리에스터이다. 패션업계에서 의류용 섬유로 절반 이상(52%)을 사용하는 폴리에스터는 그 원료가 PET(폴리에틸렌테레프탈레이트)이다. PET는 화석연료인 원유와 천연가스를 화학적으로 가공해 생산한다. 한편, 우리가 소비해서 배출하는 페트병도 폴리에스터와 동일한 원료로 만들어진다. 페트병도 같은 원유와 천연가스로 만들어진다. 페트병을 재활용한 폴리에스터 의류제품이나 일반 폴리에스터 의류제품이나 원료가 같은 것이다. 강태선 회장의 아이디어는 일회용으로 소비된 투명 페트병이 소각이나 매립의 형태로 폐기된다면 자연환경에 재앙이 될 수 있지만, 잘 분리 배출하여 재활용되면 고부가가치 산업인 패션의 원료로 재탄생할 수 있다는 것이다.

블랙야크가 제안하는 'PLUSTIC 패션' 프로젝트는 국내외 패션기업들이 친환경 소재를 사용하거나 페트병을 재활용한 의류제품을 판매하는 것과는 근본적으로 성격이 다르다. 대부분의 패션회사의 페트병 재활용은 우리의 환경문제를 해결하는데 도움을 주지 못한다. 왜냐하면 그 원료를 외국에서 수입하고 있기 때문이다. 그러나 'PLUSTIC 패션' 프로젝트는 국내에서 배출되는 페트병을 재활용하는 것이기 때문에 우리의 자연환경을 보호하는데 기여할 수 있다. 블랙야크는 이 프로젝트를 구현하기 쉽지 않음을 잘 알고 있다. 많은 비용과 인력이 투입되어야 하고 단기적으로 수익성이 확보되기 어려워 지속하기는 더 어렵다. 그럼에도 불구하고 이 프로젝트는 '자연과 인간의 공존'이라는 기업사명에 부합되기 때문에 블랙야크는 쉽지 않은 과제에 도전하고 있다. 이 프로젝트는 단순히 브랜드에 친환경 이미지를 부여하기 위한 판매 수단이 아니다. 이러한 프로젝트를 전개하는데 드는 비용이 증가하여 수익이 줄어들더라도 우리나라의 자연환경을 보호하겠다는 기업 철학에 바탕을 두고 있기 때문이다. 강태선 회장은 국내 페트병 쓰레기의 처리현황과 문제점을 파악한 다음 해결책을 찾아내면서 이 프로젝트의 실현가능성을 높이고 있다.

4. 소비된 페트병의 배출, 수거, 재활용과정을 분석해 문제점을 진단하다.

1) 페트병 재활용과정의 개요

국내에서 소비된 페트병은 배출, 수거, 재활용이라는 순환과정을 거쳐 의류 제품으로 재탄생된다. 그러나 우리나라의 경우 소비자들이 소비된 페트병을 적절하게 분리 배출할 수 있는 여건이 마련되지 못하고 있고, 수거업체는 다른 쓰레기와 섞어 수거하고 있으며, 원사업체는 단가 상의 이유로 재활용 원료를 수입하고 있다. 요약하면 재활용 생태계가 제대로 작동되지 못하고 있다.

블랙야크는 국내에서 소비된 페트병이 패션 제품으로 재활용되는 비율을 높이기 위해 현재 소비된 페트병이 어떻게 처리되고 있는가를 분석했고 그 과정은 다음 〈표 4〉에 정리되어 있다.

〈표 4〉 페트병의 재활용과정

구분		주요 현황
1단계 (배출 단계)	〈소비자〉 	1) 투명 페트병이 분리되어 배출 2) 일반 페트병과 혼재되어 배출 3) 일반쓰레기와 함께 배출
2단계 (수거 단계)	〈수거 업체〉 	1) 투명 페트병만이 분리되어 수거됨(극히 일부) ==〉 패션의류와 같은 고부가가치 제품으로 재활용됨 2) 투명 페트병과 일반 페트병이 섞여 수거됨(대부분의 경우) ==〉 오염의 문제로 장섬유로 재활용하는 것이 불가능해져 부가가치가 높지 않은 제품으로 재활용됨 3) 일반 쓰레기와 섞여 수거됨 ==〉 소각되거나 매립됨(또는 산이나 바다에 버려짐)
3단계 (재활용 단계)	〈재활용 업체〉 	1) 투명 페트병은 재활용 업체에 판매되어 플레이크, 칩, 원사를 거쳐 패션 업체에 공급 2) 혼합된 페트병은 장섬유로 재활용되지 못하고 노끈, 충전재, 공사장 깔개 천으로 재활용됨
4단계 (패션의류 제작 및 판매 단계)	〈패션 업체〉 	국내 패션업체가 페트병을 재활용한 의류를 제작해 판매하고 있지만 대부분 원료를 해외에서 수입하고 있음

(1) 소비된 페트병이 배출되는 단계

소비자들이 소비한 페트병을 적절히 배출하는 것은 재활용의 첫걸음이고 이는 쓰레기가 될 수 있는 페트병이 자원으로 활용되는 데 매우 중요하다. 현재 소비된 페트병은 세 가지 방식으로 배출되고 있다. 첫째는 투명한 페트병(무색 페트병에 라벨이 부착되거나 프린트 되어 있지 않고 안에 있는 이물질이 헹구어진 페트병)만이 분리되어 배출되는 것이고, 둘째는 투명한 페트병과 일반 페트병(색상이 입혀진 유색 페트병이나 투명 페트병이라도 라벨 등이 부착되거나 프린트 된 것)이 섞여 배출되는 것이며, 마지막은 일반 쓰레기와 혼재되어 배출되는 것이다.

투명 페트병 분리배출 사업이 본격적으로 시작된 시기는 환경부가 규정으로 공동주택(아파트)의 경우 투명 페트병과 일반 플라스틱이 분리 배출될 수 있는 분리된 수거함을 마련하면서부터이다. 이 규정은 2020년 말부터 시행되고 있다. 투명 페트병과 일반 플라스틱을 분리 배출하기 위해 노력하는 이유는 깨끗한 투명 페트병만이 부가가치가 높은 패션제품으로 재활용될 수 있기 때문이다. 깨끗한 투명 페트병만이 패션제품의 생명이라고 할 수 있는 우수한 색감을 낼 수 있다.

그러나 일반 주택(단독 주택이나 빌라 등)의 경우 아직은 투명 페트병과 일반 플라스틱이 분리되어 배출될 수 있는 수거함이 준비되어 있지 않다. 따라서 이 경우 투명한 페트병과 일반 플라스틱이 혼재된 상태에서 배출되고 있다. 심지어 플라스틱만 분리되어 배출되는 수거함이 비치되어 있지 않은 경우도 적지 않다. 투명한 페트병과 일반 플라스틱이 혼합되어 배출되어도 선별장에서 분리될 수 있지만, 전국적으로 선별장이 충분하지 못하고 선별에 따른 비용문제로 시장성이 부족해 이들은 대부분 장섬유[13]가 아닌 단섬유[14] 제품으로 재활용되고 있다.

마지막은 투명 페트병이 분리되어 배출되지 못하고 일반 쓰레기와 함께 배출되는 경우이다. 이 경우 혼재된 쓰레기들은 소각되거나 매립될 수밖에 없고 환경 훼손의 주범이 된다.

---

13 필라멘트라고 불리는 것으로 얇고 긴 형태의 섬유이다. 장섬유는 주로 의류용 소재로 사용된다.

14 스테이플이라소 불리는 것으로 굵고 짧은 형태의 섬유이다. 단섬유는 주로 산업용으로 사용된다.

페트병이 소비되고 배출되는 단계에서의 문제점을 요약하면, 페트병이 따로 분리되어 배출되지 못하는 경우가 많아 방치, 소각 및 매립되고 있다. 페트병이 따로 분리되어 배출되더라도 아직은 대부분 투명 페트병과 일반 플라스틱이 분리되어 배출되는 비율은 현저히 낮아 의류제품으로의 재활용이 쉽지 않다.

〈사진〉 투명 페트병만 분리되어 배출되는 경우

〈사진〉 투명 페트병과 일반 플라스틱이 혼재되어 배출되는 경우: 페트병에 색깔이 들어가 있거나 라벨이 부착되거나 프린트되어 있을 경우 일반 플라스틱으로 분류됨

〈사진〉 일반 쓰레기와 혼재되어 배출되는 경우

(2) 배출된 페트병이 수거되는 단계

소비자가 배출한 쓰레기는 지정된 업체에 의해 수거된다. 공공주택의 경우 운영자가 수거업체를 지정할 수 있고 일반 주택의 경우 지자체가 업체를 지정하고 있다. 현재 수거를 담당하는 업체들 대부분은 영세사업자들이다. 이들이 배출된 쓰레기를 수거하는 방식에 따라 다음 처리가 달라진다.

첫째, 공공주택의 경우 투명한 페트병만을 배출하는 수거함이 있어 수거업체가 이를 수거한 후 재활용 업체에게 판매할 수 있다. 이때 판매되는 단가는 일반 플라스틱보다 높은 가격이다. 이 투명한 플라스틱은 플레이크 업체를 거쳐 패션의류로 재활용과정에 들어가게 된다. 국내의 경우 이와 같이 투명한 페트병이 분리되어 배출되고 수거되는 비율은 아직 낮은 수준이지만 금년 말에 일반 주택에도 투명한 페트병이 분리 배출될 수 있는 수거함이 마련되면, 투명한 페트병이 패션 의류로 재활용되는 비율은 높아질 것으로 기대된다. 그러나 소비자들이 투명 페트병과 일반 플라스틱을 분리해 배출해도 수거업체의 장비가 충분하지 않은 경우 섞여서 수거되는 경우가 대부분이다. 따라서 소비자의 페트병 분리배출을 위한 노력이 재활용으로 연결되려면, 수거체계의 보완을 위한 대책이 절실한 상황이다.

둘째, 일반 주택의 경우 투명 페트병과 일반 플라스틱이 분리 배출되지 못해 섞여서 배출되고 있다. 수거업체는 혼재된 플라스틱을 수거한 후 이들을 재활용 업체에 판매하게 된다. 매우 제한적이기는 하지만 혼재된 플라스틱이 선별장으로 보내져 투명 페트병과 일반 플라스틱이 구분될 수 있다. 선별에 따른 판매가의 차이가 있지만, 선별하는데 드는 비용(장비설치 비용, 선별인력 확보비용 등)이 높기 때문에 이를 위한 선별업체의 자발적인 노력을 기대하기도 어렵다. 따라서 대부분 선별업체들은 수거된 페트병을 단섬유를 제작하는 재활용 업체에 판매하게 된다. 이들은 '노끈'이나 '산업용 충전재' 등과 같은 저부가가치 재생 폴리에스터로 활용되는데, 이 경우 kg당 판매단가는 투명 페트병의 절반 수준이다. 국내의 경우 대부분의 페트병 재활용은 단섬유의 형태로 이뤄진다고 볼 수 있다.

마지막은 투명 페트병만이 분리되지 못하고 일반 쓰레기와 섞여 수거되는 경우인데, 이 경우 대부분은 매립되거나 소각된다. 플라스틱이 매립되거나 소각될 경우 자연환경에 미치는 부정적인 영향은 이미 설명한 바 있다.

플라스틱 폐기물 처리에 대한 정확한 통계는 존재하지 않지만 2017년도 통계자료에 의하면 플라스틱 폐기물은 1) 물질 재활용(22.7%), 2) 에너지 재활용(39.3%), 3) 단순소각(33.4%), 4) 매립(4.6%)으로 처리된다. 앞서 설명했듯이 에너지 재활용이 자연환경에 미치는 영향은 소각과 비슷하다. 따라서 플라스틱이 적절한 방식으로 재활용되는 비율은 22.7%로 낮은 수준이다. 유럽연합의 경우 재활용 비율은 40% 수준인 것으로 추산되고 있다.

따라서 소비된 페트병이 재활용되기 위해서는 무엇보다도 투명 페트병만을 모아서 분리배출하는 것이 중요하다. 소비자들이 투명한 페트병과 일반 플라스틱을 분리해서 배출하고 이들이 분리되어 수거되는 것이 가장 바람직하다. 소비자가 투명 페트병과 일반 플라스틱을 분리해 배출하더라도 수거업체가 이들을 섞어서 수거하면 부가가치가 떨어지게 된다. 따라서 수거업체가 분리 배출된 플라스틱을 분리해서 수거해 판매를 유도하는 제도적 지원도 필요하다.

(3) 재활용 공정단계

플라스틱의 재활용은 플라스틱의 종류에 따라 달라지기 때문에 플라스틱 분류 코드을 이해할 필요가 있다. 국내의 경우 석유나 가스 등과 같은 화석연료에서 다양한 물질이 추출되어 이 물질을 기초로 다양한 플라스틱이 만들어진다. 플라스틱은 물성과 제조방법에 따라 종류가 다양하게 나눠는데, 일상에서 많이 사용하는 종류로 HDPE, PVC, LDPE, PP, PS, PET 등이 있다. 이중 페트(PET)는 가장 많이 사용되는 플라스틱 중 하나로, 주로 생수병 및 음료 용기 또는 합성섬유로 사용된다. 페트 외에도 소재, 강도, 투명도 등 특성에 따라 다양한 플라스틱(HDPE, PVC, LDPE, PP, PS, Other)의 종류가 있는데 사용목적에 따라 세제 용기, 식품용기, 가방, 장난감, 팩의 코팅재료, 뚜껑 등으로 사용된다. 페트(PET)의 경우 다른 여러종류의 플라스틱과 달리 재활용을 통해 장섬유를 만들 수 있다. 따라서 본 저서는 패션의류로 재활용될 수 있는 페트병을 중심으로 설명하기로 한다.

수거된 페트병 재활용은 수거된 상태에 따라 과정이 달라진다. 페트병 재활용은 물리적 재활용과 화학적 재활용이 있는데, 페트의 경우 대부분 물리적 재활용을 거치게 된다. 물리적 방식은 페트병을 작은 조각으로 분쇄해 플레이크를 만드는 것이 재활용의 첫걸음이다. 따라서 수거업체가 페트병을 수거하면 이를 투명 페트병과 저품질 페트병(유색 플라스틱이나 라벨이 붙은 경우)으로 구분한 다음 플레이크 업체에게 판매한다. 이 후 투명한 플레이크는 장섬유로, 저품질 플레이크는 단섬유로 재활용된다.

플레이크 제작업체는 구매한 페트병에 남겨진 불순물을 제거하고 잘게 파쇄한 후 비중 분리 과정을 통해 페트병과 뚜껑을 분리한다. 물보다 비중이 높은 페트병 몸체(PET)는 아래로 가라앉고, 물보다 비중이 낮은 뚜껑(HDPE)은 물 위로 뜨게 된다. 한편, 페트병 몸체에 부착된 라벨은 제품의 종류에 따라 물에 뜨는 플라스틱(PP) 재질로 된 라벨과 물에 가라앉는 재질(PET)이 혼재되어 있어 비중분리 과정을 통해 완벽하게 걸러낼 수 없다. 투명 페트병을 분리배출 할 때 라벨을 반드시 제거해야하는 이유가 여기에 있다. 투명 페트병을 잘게 갈아서 플레이크를 만드는 공장은 전국에 있는데, 대부분의 공장에서 만들어 내는 투명 플레이크의 순도는 충분히 높지 않은 실정이다. 블랙야크와 협력하는 강원도 횡성 공장은 고순도의 투명 페트병만을 파쇄할 수 있는 설비투자를 했기 때문에 높은 순도의 플레이크가 생산되고 있다.

〈사진〉 비중 분리: 페트병과 뚜껑이 분리되는 과정

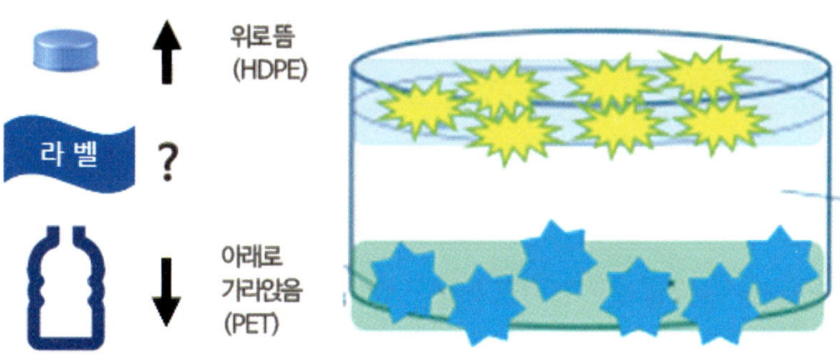

플레이크는 여러 공정을 거쳐 칩(chip)의 형태로 가공되고 이 칩은 원사업체에 의해 원사로 재탄생된다. 제작된 원사는 원단업체에 넘겨진 후 원단으로 생산되어 패션업체에게 공급되면서 재활용 공정이 마무리된다. 이와 같이 재활용 과정은 여러 업체들이 참여하는 복잡한 구조를 갖고 있다. 재활용업체들은 국내에서 소비된 플라스틱을 이용해 재료를 생산하는 단가가 더 높기 때문에 의류 업체가 이를 특별히 요구하지 않으면 국내에서 배출된 플라스틱을 재활용하기 어렵다. 수거업체가 투명한 페트병을 분리해 수거하더라도 재활용 업체들이 다른 대안(수입한 페트병)을 선호한다면, 재활용을 위한 생태계 구축은 해결하기 어려운 난제가 될 수 있다.

(4) 패션의류 제작단계

마지막은 패션의류회사들이 공급된 원사를 이용해 의류제품을 생산하는 것이다. 패션 회사들은 공급받는 원사에 냉감, 항균, 항취와 같은 아웃도어의 기능성을 보강하고 디자인을 가미해 높은 부가가치의 제품을 생산에 시장에 소개한다. 이러한 과정을 거쳐 생산된 패션의류가 소비자들에 의해 구매되고 소비되면서 투명 페트병 재활용과정이 마무리된다.

이 단계에서 패션 회사는 두 가지 대안이 있다. 석유나 가스와 같은 화석연료로부터 만들어진 새 폴리에스터를 버진 폴리에스터라고 칭하는데, 패션회사는 버진 폴리에스터를 이용해 의류를 제작할 수 있다. 다른 대안은 의류업체가 페트병을 재활용해서 만든 폴리에스터를 사용하는 것이다. 버진 폴리에스터는 제조과정에서 다량의 탄소가스를 배출해 환경오염 문제를 야기하게 되지만 페트병 재활용 폴리에스터는 원료생산을 위한 화석연료 사용을 대체해주기 때문에 이러한 문제가 나타나지 않는다. 따라서 버진 폴리에스터를 이용한 의류생산을 줄이고 소비된 페트병을 최대한 재활용하는 것이 자연환경 보존의 핵심이 된다.

그러나 버진 폴리에스터를 이용한 의류제품 생산량에 비해 페트병을 재활용한 폴리에스터 의류제품 생산량은 아직 미미한 수준이다. 여러 가지 문제를 야기하는 새로운 플라스틱을 사용해 의류제품이 만들어지는 것이다.

그 이유는 앞서 설명하였듯이 페트병을 재활용해 제품을 생산할 때 통상적인 방식으로 의류를 제작할 때보다 원가가 더 높기 때문이다. 그렇다고 페트병이 재활용된 패션의류의 기능성이 더 뛰어나다고 말하기 어렵다. 오히려 소비자들은 플라스틱을 재활용함에서 오는 제품에 대한 의구심을 가질 수도 있다. 따라서 환경 친화적인 활동의 하나로 페트병을 재활용해 패션의류를 생산한 후 그 제품에 대해 더 높은 가격을 설득해 판매하기도 쉽지 않다. 기업의 입장에서 친환경제품을 소구할 수 있지만 소비자들에게 더 높은 가격을 책정하기도 쉽지 않다. 그럼에도 많은 기업들이 이런 플라스틱 재활용에 참여하고 있는 이유는 기업이 지속가능경영 및 ESG 경영 시대에 참여하고 있음을 보여주기 위한 것일 수 있다. 더 높은 원가를 들여 페트병을 재활용한 의류를 생산하고 같은 가격(재활용이 아닌 일반적인 방식으로 생산한 의류에 비해)으로 판매할 패션회사가 얼마나 있을까? 있더라도 이를 지속할 수 있을까? 이런 의문점을 가지고 블랙야크는 해결책을 모색하기 시작했다.

〈사진〉 재활용 및 의류제작 과정

플레이크　　칩　　원사

재활용된 패션의류

2) 페트병 재활용 과정의 문제점 진단

> 국내에서 소비된 페트병이 재활용되기 위해서는 배출, 수거, 재활용 전반의 시스템이 구축되어야 한다. 한 가지만 해결된다고 해서 페트병 폐기물이 재활용되는 것이 아닌 셈이다. 그래서 블랙야크가 재활용 생태계 전반을 구성하는 'PLUSTIC 패션' 프로젝트를 시작했다.

소비자가 소비한 페트병을 재활용하는 과정은 매우 복잡하다. 앞서 그 과정을 배출단계, 수거단계, 가공단계 및 생산단계의 네가지로 구분한 바 있다. 그러나 각 단계에서 우리가 소비한 페트병을 적절하게 처리하는데 중요한 걸림돌이 있다. 이를 요약하면 다음과 같다.

첫째, 배출단계에서 투명 페트병 및 일반 플라스틱이 분리되어 배출될 수 있는 수거함이 마련되어 있는 곳은 매우 제한적이다. 소비자들이 분리해서 배출하고 싶어도 이를 실행에 옮기기 어려운 상황이다. 투명한 페트병이 분리되어 배출되지 않으면 패션의류로 재활용되는 것은 불가능하다.

둘째, 소비자가 투명 페트병을 분리해서 배출해도 수거업체가 이를 분리해서 수거해야 한다. 국내의 수거업체는 영세사업자들에 의해 운영되고 있어 영세사업자들이 자발적으로 더 많은 비용을 써가면서 분리해 수거하는 것을 기대하기는 어렵다.

셋째, 투명 페트병 재활용과 관련된 비용구조 문제로 재활용업체들이 자발적으로 국내에서 배출된 투명 페트병을 재활용하기 어려운 여건이다. 국내에서 소비된 투명 페트병을 재활용해 소재를 개발하는데 드는 비용은 다른 대안(화석연료를 가공해서 만든 신재 폴리에스터, 또는 해외의 재활용 PET 폴리에스터 수입)보다 비싸기 때문이다. 따라서 재활용업체가 투명 페트병 재활용에 적극적으로 참여하는 것도 기대하기도 어렵다.

넷째, 위에서 언급한 비용구조를 극복하기 위해서는 패션의류업체가 국내 페트병을 재활용한 소재를 더 많이 주문해야 하는데, 이 또한 간단한 과제가 아니다. 일부 제품을 페트병을 재활용해 제작함으로써 친환경 이미지를 얻을 수 있지만 이러한 활동은 국내에서 소비되는 페트병의 문제점을 극히 부분적으로 해소할 수밖에 없다. 의류 회사가 국내에서 배출된 페트병만을 재활용해 의류를 생산하기는 매우 어려운 여건이고 이를 위해선 위해선 더 많은 비용을 지출해야 한다. 그런 제품에 대해 더 높은 가격을 책정하기도 쉽지 않다. 소비자의 가격 민감성을 고려해야하기 때문이다.

페트병 배출, 수거, 재활용, 의류 제작의 순환 과정상 문제점을 분석한 결론은 소비자, 수거업체, 재활용업체, 패션업체 및 정책을 담당하는 정부 및 지자체가 모두 함께 협력 클러스터를 구축해야 한다는 것이다. 따라서 강태선 회장은 국내에서 소비되고 배출된 페트병을 재활용하는 협력 플랫폼을 구축하기 시작한다.

플라스틱은 여러 제품이나 서비스에서 사용되고 있는데, 소비 후 배출되는 플라스틱이 새로운 자원으로 활용되는 것은 산업의 효율성을 높여줄 수 있을 뿐만 아니라 미래 세대에게 더 좋은 환경을 전해 줄 수 있는 매우 중요한 프로젝트이다. 강태선 회장은 현재 플라스틱 재앙을 예방하는 국민 운동에 도전하고 있다.

5. 플라스틱 재앙 예방을 위한 블랙야크의 도전이 시작되었다.

플라스틱 폐기물로 예상되는 재앙을 예방하는 방법은 어떤 것이 있을까? 플라스틱 제품 사용을 줄이는 것이 있지만 이미 생활의 필수품이 된 플라스틱 소비를 줄이는 것은 거의 불가능하다. 또는 바이오 플라스틱이나 생분해성 플라스틱과 같은 새로운 기술을 개발해 환경오염을 줄이는 방법이 현재 진행 중이나 아직은 상품성이 없다. 다른 대안으로 소비한 플라스틱을 재사용(reuse)하는 것을 고려할 수 있지만, 현실적으로 소비자의 호응을 얻기 어렵다. 소비자가 사용한 용기를 직접 매장에 가져와야 하는데, 편리성이 현저하게 떨어진다. 따라서 유일한 대안은 소비된 플라스틱을 재활용(recycle)하는 것이다.

이미 사용된 플라스틱이 재활용된다면, 소비된 플라스틱이 제대로 처리되지 못하는 문제점이 줄어들고 버진 플라스틱을 사용하는 비율을 줄일 수 있다. 소비된 플라스틱의 배출, 수거, 재활용의 순환과정이 제대로 돌아간다면 플라스틱 폐기물로 예상되는 재앙을 예방할 수 있는 것이다. 이를 위해 블랙야크는 2020년부터 'PLUSTIC 패션' 프로젝트를 시작했다. 'PLUSTIC 패션'은 'Plus'와 'Plastic'의 합성어로 플라스틱을 패션으로 재활용한다는 의미로 선정되었다. 이 프로젝트에 국내의 자연환경을 보호하는데 앞장서겠다는 의지와 이를 소비자와 함께 구현하겠다는 블랙야크의 포부가 담겨져 있다.

이 프로젝트의 특징은 관계되는 모든 구성원이 전 방위적으로 함께 참여해 투명 페트병 재활용 시스템이 자생적으로 돌아가게 만드는 것이다. 앞서 설명했듯이 재활용과 관련해 모든 단계에서 문제점이 발견되기 때문에 특정 단계를 정비하는 것으로는 문제가 해결되지 못한다. 따라서 시간이 걸리더라도 각 단계가 유기적으로 연결되는 시스템을 개척해야 장기적으로 선순환이 이루어지는 생태계가 정착될 수 있다. 'PLUSTIC 패션' 프로젝트를 위한 블랙야크의 활동은 크게 1) 전사적 사내 시스템 구축, 2) 투명 페트병 재활용을 위한 플랫폼 구성, 3) 소비 현장에서의 수거를 위한 협력 시스템 개발, 4) 소비자의 참여 유도로 구성된다.

1) 플라스틱 재활용을 위한 전사적 운영시스템 구축

> 블랙야크는 'PLUSTIC 패션 프로젝트'를 통해 국내에서 예상되는 플라스틱 재앙을 예방하기 위해 전사적 운영시스템을 구축했다. 첫걸음으로 뉴라이프텍스 TF가 구성되었고 이 팀이 프로젝트의 미션을 전 직원에게 전파함으로써 전사적 운영 시스템을 구축하고 있다.

블랙야크가 전개하고 있는 'PLUSTIC 패션 프로젝트'의 성과는 단기간 내에 나타나기 어렵다. 전반적인 시스템이 갖춰지고 그에 따라 재활용된 패션의류의 소재원가가 경쟁력을 갖추려면 오랜 시간이 걸릴 것이다. 그럼에도 불구하고 강태선 회장은 '자연과 인간의 공존'이라는 사명을 완수하겠다는 의지로 이 프로젝트를 전사적인 차원에서 전개하는 운영 시스템을 구축하고 있다. 강회장은 'PLUSTIC 패션 프로젝트'를 이미지개선을 위해 투자하는 차원을 넘어서 기업경영을 통해 우리나라에 더 좋은 환경을 만든다는 미션을 실천하고 있는 것이다.

블랙야크는 첫걸음으로 'PLUSTIC 패션' 프로젝트를 담당할 뉴라이프텍스라는 TF팀을 구성했다. 이 팀은 투명 페트병 수거에서부터 재생섬유 추출, 최종 제품 생산 및 판매까지의 자원순환 모델을 개발하고 이를 구현하는 가시적인 성과를 내고 있다. 이제 이 팀은 회사의 전 직원에게 이 프로젝트의 필요성과 중요성을 전파하고 있다.

'PLUSTIC 패션' 프로젝트의 필요성과 운영방식은 직원들과 공유되어야 한다. 기업이 사회 내에서 담당해야 할 역할과 미래 지향점이 직원들과 공유되어야 진정성 있는 활동이 전개될 수 있는 것이다. 전 직원들이 이 프로젝트의 중요성을 직접 눈으로 보면서 느낄 수 있도록 양재동 2층(직원들이 가장 자주 방문하고 외부인들과 회의하는 장소)에 플러스틱 아카이브가 마련되었다. 직원들은 국내에서 버려진 페트병을 재활용하는 과정부터 재생섬유로 만든 의류, 신발, 가방 등을 한 눈에 확인할 수 있다. 직원들이 자신이 하고 있는 일에 대한 자부심을 느끼게 된 것은 당연한 결과이다.

〈사진〉 블랙야크 사옥에 마련된 '플러스틱 아카이브'

블랙야크는 NAU를 인수한 후 친환경제품 생산에 더욱 속도를 내고 있다. 블랙야크는 2020년 블랙야크와 NAU를 통해 K-rPET 재생섬유 티셔츠를 출시했고 팬츠와 아우터에도 적용하고 있다. K-rPET는 Korean Recycled PET의 약자로, 블랙야크가 구성한 자원순환 시스템을 통해 제작된 페트병 재활용 원료, 원사 또는 완제품을 의미한다. 블랙야크는 2021년부터 투명 페트병 재활용 의류제작에 더욱 박차를 가하고 있는데, 국내에서 사용된 페트병으로 만든 친환경 제품인 'PLUSTIC 컬렉션'이 출시된 바 있다. 그리고 플러스틱 패션 마크도 개발되었다. 이 마크는 국내 최초로 우리나라에서 배출된 페트병을 재활용한 제품임을 전하는 상징적인 기호이다.

〈사진〉 블랙야크가 국내 페트병을 재활용한 패션 제품임을 전달하기 위해 개발한 PLUSTIC 마크

블랙야크의 'PLUSTIC 패션' 제품은 K-rPET 재생섬유에 아웃도어의 기술력을 더해 친환경과 기능성을 모두 담아냈다. 이른바 재활용 소재에 기능성과 디자인을 가미한 업사이클링 제품이다. 컬렉션은 티셔츠, 자켓, 팬츠 등 다양한 아이템으로 구성됐고 종류에 따라 각 제품 당 500ml 기준으로 최소 15개부터 최대 30개 이상의 페트병이 재활용됐다. 대표 제품인 'BAC치악3티셔츠'와 'BAC설악3티셔츠'는 페트병을 재활용한 재생섬유에 냉감 기술을 더한 긴팔, 반팔 티셔츠다. 자이리톨을 사용해 수분 접촉 시 열을 빼앗는 원리의 기술이 적용되어 소비자들은 한 여름에도 시원하게 입을 수 있다. 항균 기능이 더해진 'BAC운악2자켓', 'M가디언트레이닝자켓'은 세균 걱

정 없이 주머니를 사용할 수 있도록 항균 가공된 블랙야크 '안심주머니'가 적용됐다. 두 제품 역시 페트병을 재활용한 재생섬유를 사용해 친환경적이다. 각각 스판 소재를 더해 편안하게 입고 아웃도어 활동을 할 수 있다. 블랙야크는 향후 투명한 페트병 수거가 원활해질 경우 플러스틱(PLUSTIC) 컬렉션을 전 품목으로 확대할 예정이다.

2) 투명 페트병 재활용을 위한 협력 플랫폼 구성

블랙야크는 투명 페트병 재활용을 위한 협력 플랫폼을 구성하고 있다. 분리 배출과 분리 수거를 유도하기 위해 정부 및 지자체와 업무협약을 맺고 있고, 수거업체와 재활용업체를 연결하는 플랫폼을 구축하고 있다.

마이클 포터(Michael Porter)는 공유가치창출 모델을 제안하면서 이를 위한 방법론 중의 하나로 다양한 구성원들과의 협력 클러스터를 제안한 바 있다. 최근 미래의 경영 패러다임으로 주목받고 있는 개방형 혁신 모델도 능력 있는 구성원들이 플랫폼을 중심으로 모여 시장을 선도하는 것을 제안하고 있다. 지속가능경영을 추구하는 기업들은 환경적 가치와 사회적 가치를 추구해야 하는데, 사업의 범위가 크고 다양한 사회 내 다양한 구성원들의 역할이 요구되기 때문에 기업 혼자의 힘으로 감당하기 쉽지 않다. 국내에서 소비된 투명 페트병을 재활용하는 사업도 기업 혼자의 힘으로 감당하기 어렵다. 앞서 설명한 바 있듯이 재활용의 모든 단계에 다양한 장애 요인이 있기 때문이다. 이를 간파한 강태선 회장은 전반적인 생태계가 협력적으로 운영되어야 한다고 판단하고 전 방위적 협력 플랫폼을 구성하기 시작했다.

분리배출-분리수거를 연결하는 협력 플랫폼: 투명한 페트병이 분리 수거되기 위해서는 분리배출이 첫 단추인데, 전국적으로 투명 페트병과 일반 플라스틱이 분리 배출될 수 있는 수거함이 마련되어야 한다. 앞서 설명했듯이 소비되어 배출되는 장소에서 플라스틱만이 분리되는 수거함이 마련되어야 하고 더 바람직한 것은 투명 페트병과 일반 플라스틱이 분리될 수 있는 수거함이 마련되어야 하는데, 이를 위해서는 환경부 및 지자체의 제도적 장치가 요구된다.

블랙야크는 투명 페트병의 분리배출 방법을 소비자들에게 상세하게 안내하고 수거 과정에서 혼합되는 문제를 개선하기 위해 환경부와 협력하고 있다. 환경부는 '투명 페트병 분리배출 의무화'를 이미 시작했고 이를 강화하는 조치를 진행하고 있다. 환경부는 2020년 2월 6개 도시의 공동주택에서 시범사업을 벌인 바 있고, 2020년 12월 공동주택 투명 페트병 분리배출 의무화를 시작으로 2021년 12월엔 일반주택에서도 분리배출함이 비치되고 요일수거제가 시행될 예정이다. 적어도 내년부터는 전국적으로 투명 페트병만이 분리 배출될 수 있는 여건이 마련되는 것이다.

투명 페트병이 분리 배출되어도 수거가 적절하게 진행되지 않으면 부가가치가 높은 제품으로의 재활용은 어려워진다. 공동주택의 경우 자체적으로 수거업체를 지정하고 있지만, 일반주택의 경우 지자체가 수거업체를 지정하고 있다. 따라서 블랙야크는 적절한 수거체계 확보를 위해 지자체와 업무협약을 통해 배출-수거-재활용으로 과정에서의 순환과정을 마련하고 있다. 최근에는 강북구, 은평구, 종로구, 마포구, 광진구, 관악구, 강남구, 서초구 등 서울시 8개 자치구를 비롯해 강원도, 강릉시, 삼척시, 충청남도의 모든 시군 등 지자체와 협약을 맺어 지역사회에서 배출되는 페트병을 투명한 상태에서 수거해 재활용업체에 판매하는 모델이 만들어졌다.

재활용-의류 제작을 연결하기 위한 협력 플랫폼: 투명한 페트병이 분리되어 수거되면 이들은 재활용업체에 판매될 수 있어야 한다. 재활용은 플레이크 제작, 칩 제작, 원사, 원단 등의 과정을 거쳐 패션회사에 전달되는 복잡한 구조를 가지고 있기 때문에 플라스틱 재활용이 업체들에 의해 자생적으로 진행되기 어렵다. 블랙야크는 이러한 문제점을 해결하기 위해 재활용업체와 협력체계도 구축했다.

블랙야크는 생수 기업 스파클, 재활용 기업 두산이엔티 및 SM 티케이케미칼과 컨소시엄을 구축해 국내 페트병으로 높은 품질의 장섬유 생산과 기능성 아웃도어 제품을 만드는 기술을 개발하고 철저한 품질 테스트와 필드테스트를 거쳐 2020년 여름 국내 페트병 재활용 제품의 시장화에 성공한 바 있다. 블랙야크는 가장 먼저 화학섬유 회사인 SM티케이케미칼과 업무협약을 체결해 티케이케미칼이 국내에서 수거된 플라스틱을 페트병을 재활용한 폴리에스터 원사를 블랙야크에 공급하면, 블랙야크가 이를 패션제품으로 제작하기로 했다. 이어 블랙야크는 스파클과 두산 이엔티와도 업무협약을 체결했다. 생수 브랜드인 스파클은 가정 배송 후 기업이 페트병을 직접 회수(역회수 프로그램이라 칭함)하여 이를 두산티엔티에 공급하면, 두산이엔티는 페트병을 파쇄하여 재활용 원료로 만드는 작업을 담당하게 되고 티케이케미칼은 원사를 만들게 된다. 즉, 투명한 페트병 확보, 플레이크 제작, 원사 제작, 패션의류 생산에 이르는 순환과정이 연결된 것이다. 이러한 시스템은 소비자가 사용한 후 배출된 투명 페트병이 혼합 오염없이 수거되고 수거된 투명 페트병이 재활용업체에게 판매되는 선순환과정을 마련했다는 점에서 큰 의미가 있다. 이 시스템을 바탕으로 은평구의 경우 블랙야크와의 협력을 통해 재활용된 은평구 페트병이 주민들에게 패션제품으로 돌아가는 시스템도 마련하고 있다.

은평구와 블랙야크의 자원순환 시스템: 블랙야크와 은평구는 수거, 배출, 재활용까지 연결을 유도하는 모범적인 모델을 구현하고 있다. 은평구는 2019

년 하반기부터 주민 주도의 재활용을 위한 현장 분리배출 프로그램인 '은평그린모아모아' 사업을 진행해 왔다. 이 사업은 2019년 10개소에서 시범적으로 운영한 후 주민들의 호응으로 현재는 150개소에서 운영되고 있다. 주 1회 목요일 또는 금요일에 열리며 약 4시간의 운영시간 동안 약 350명의 자원관리사가 현장에서 주민들의 정확한 분리배출 방식(비헹분석: 비우고, 헹구고, 분리하고, 섞지 않는 배출의 줄임말로 재활용 가능한 폐기물을 배출할 때 지켜야 할 수칙)을 안내해 주었다. 과거 이러한 수칙이 이행되는 비율은 평균 30% 정도였지만, 이 사업으로 95%까지 올라갔고 연간 약 1억 원의 선별비용이 절감되었다. 이 사업은 자원관리사 운용을 통한 공공 일자리 창출까지 더해져 환경과 지역경제 모두를 살리는 대표적인 모범사례로 평가받고 있다.

그러나 은평구의 '그린모아모아' 사업을 통해 깔끔하게 수거된 투명 페트병은 재활용을 위한 다음 단계로 넘어가지 못하고 계속 적체되고 있었다. 깨끗하게 수거된 투명 페트병이 적합한 재활용업체에게 전달되기 쉽지 않았기 때문이다. 블랙야크는 플레이크 및 칩을 제작하는 재활용업체와의 업무협약을 맺으면서 은평구 주민들에 의해 분리 배출된 투명한 페트병이 고품질 자원순환체계에 전달될 수 있게 하였다. 은평구에서 수거된 투명 페트병은 고순도의 플레이크로 파쇄되고, 칩(PELLET), 원사, 원단 과정을 거쳐 고기능성의 티셔츠와 다용도 가방으로 만들어져 은평구 구민들에게 다시 돌아가는 선순환 구조가 완성되었다.

이 외에도 블랙야크는 국방부, 경찰청, 환경부와 자원순환 서약식을 통해 군장병과 경찰이 착용하는 1만 2천여 벌의 투명 페트병 재활용 의류를 공급했다. 페트병을 재활용한 의류를 군인과 경찰이 먼저 착용함으로써 일반 소비자들에게 "PLUSTIC"의 의미를 전파하게 될 것이다.

3) 소비 현장에서의 수거를 위한 협력 시스템 개발

블랙야크는 투명 페트병 재활용 생태계 구성에 만족하지 않고 소비현장에서 투명한 페트병을 수거하기 위해 여러 소비재 기업들과 협력하고 있다. 대표적인 모델이 스타벅스와의 협력이다. 블랙야크는 매장에서 배출된 투명한 테이크아웃 아이스 컵을 수거해 재활용하고 스타벅스는 재활용된 제품을 판매할 예정이다. 블랙야크는 국내 최대 유통업체인 GS리테일과 업무 협약을 체결해 친환경제품 생산에서 유통분야까지 시스템을 확장하고 있다.

블랙야크는 수거 및 재활용을 위한 순환 시스템을 구축하는 것에서 한 걸음 더 나아가 소비현장에서 투명한 페트병을 수거해 재활용하는 방법을 모색하고 있다. 블랙야크는 다양한 대안을 검토한 결과 카페에서 배출되는 테이크아웃 투명 페트 컵 문제가 개선될 수 있다고 판단하게 되었다. 블랙야크는 스타벅스와 업무협약 체결을 시작으로, 맥도날드, SPC과 같이 매장에서 테이크 아웃 투명 페트컵을 취급하는 기업들과 자원순환체계를 구축하기 위해 협력하고 있다.

투명 페트 아이스 컵은 페트병과 같이 투명하고 컵 하단에도 PET라 적혀있다. 이 아이스 컵은 외관이나 분류 체계가 투명 페트병과 동일하지만, 투명 테이크아웃 컵은 페트병처럼 장섬유로 재활용될 수 없고 충전재와 같은 단섬유로 재활용된다. 오히려 투명 페트병이 잘 모여 있는 곳에 이 컵이 섞이게 되면 투명한 페트병조차 장섬유로 재활용하지 못하게 된다. 테이크아웃 컵과 페트병의 점도(IV)가 다르기 때문인데, 이에 대한 안내나 홍보가 부족해 대부분 투명 페트병과 혼합 배출되고 있다. 또한 일부 테이크아웃 컵이 PET가 아닌 PS 소재로도 제작된다는 점이 재활용의 큰 걸림돌이다. PET보다 불투명한 PS컵이 더 저렴한 편인데, 이런 이유로 사업장에 따라 사용되는 소재가 제각각이고 수거 될 때에는 다른 컵들과 혼재되어 수거된다. 선별장에서 이를 다시 분류해야 하는데, 테이크아웃 컵은 재활용 플레이크에 대한 수요가 적고 재활용 보조금 지원 품목도 아니다. 이 때문에 국내에서 발생하는 엄청난 양의 테이크아웃 아이스 컵들은 대부분 매립 또는 소각 처리 되어왔다. 민간에서 기업들이 자발적으로 실천하는 자원순환 체계는 반드시 시행 주체에게 수익성이 있어야 함을 느낄 수 있는 대목이다.

블랙야크와 스타벅스 코리아는 소재 단일화와 수익성이라는 두 가지 문제를 해결하는 방법을 찾게 된다. 스타벅스는 업계 최초로 종이 빨대를 도입하고, 매장 발생 커피 찌꺼기 재활용 등 카페 프랜차이즈의 지속가능성을 선도해온 만큼 매장에서 판매한 일회용 컵의 재활용에 대해서도 강한 의지가 있었다. 다행히 스타벅스의 테이크아웃 컵은 PET 단일 소재이고 재활용을 위해 컵에 붙이는 라벨 스티커 접착제 개선, 컵 인쇄 잉크의 단색화 등 사전 작업도 이루어진 상황이었다. 스타벅스와 블랙야크가 함께 재활용을 위한 실행 계획을 논의한 결과가 '가치 위해 같이 버려요' 캠페인이다. 이 캠페인은 스타벅스 매장에서 고객이 직접 분리 배출한 테이크아웃 컵을 수거 및 재활용하여 패션 액세서리로 재탄생시키는 것이 목표다. 이를 위해 스타벅스는 2021년 3월부터 약 한 달간 매장 내에 테이크아웃 컵을 수거하는 별도의 함을 제작하였고, 이런 분리 배출이 왜 필요한지를 고객과 공유하였다. 블랙야크는 이렇게 모인 아이스 컵이 재활용 공정에 진입할 수 있도록 별도의 자원 순환 체계를 신규로 구축하였다. PET의 장섬유 재활용과 단섬유 재활용은 공정과 설비에 큰 차이가 있어 새로운 공급망이 필요했다. 이에 블랙야크는 적합한 플레이크 제작사와 단섬유 생산 파트너 모두의 협의를 통해 테이크아웃 PET 컵을 의류나 가정용 충전재로 재생하는 공정을 완성시켰다. 스타벅스는 이러한 자원순환 체계를 거쳐 완성된 제품을 2021년 가을에 매장에서 판매할 예정이다. 친환경을 위한 활동이 기업에게 수익성을 가져다줄 수 있는지 확인해 볼 수 있는 좋은 기회가 될 것이다.

또한, 블랙야크의 협력 플랫폼은 유통업체로 확대되고 있다. 블랙야크는 2021년 2월 국내 최대 유통업체인 GS리테일과 업무 협약을 체결해 친환경제품 생산에서 유통분야까지 시스템을 확장해 패트병으로 재활용된 제품이 소비될 수 있는 환경을 구축하고 있다. 이른바 수거에서 재활용, 생산 및 유통에 이르는 재활용 생태계가 구축되고 있는 것이다.

4) 소비자의 참여 유도

최근 블랙야크는 소비자들에게 이 프로젝트를 함께 하자고 제안하고 있다. 재활용기술을 개발하는 업체, 수거과정에서 역할을 하는 정부와 지자체, 그리고 일상용품을 판매하는 기업들과의 협력 플랫폼이 구성되자 이 프로젝트를 완성시켜줄 소비자들에게 안내하기 시작한 것이다. '대한민국 페트병 완전독립운동' 광고가 바로 그것이다. 이 광고는 국내에서 수거된 페트병을 재활용함으로써 우리나라 자연환경을 지킬 수 있음을 강조하면서 소비자들에게 적절한 분리배출 방식을 소개하고 있다. 앞서 블랙야크가 재활용 생태계를 구축하기 위해 노력해 왔음을 소개한 바 있는데, 블랙야크는 이러한 노력도 소비자의 참여(적절한 분리 배출)가 없이는 완성될 수 없음을 잘 알고 있다. 소비된 플라스틱을 자원으로 전환시키는 역할의 시작과 마무리는 소비자이다. 블랙야크는 이제 소비자가 주도하는 플라스틱 재앙 예방 프로젝트를 본격적으로 준비하고 있다.

〈사진〉 대한민국 패트병 완전독립운동 캠페인

6. 'PLUSTIC 패션 프로젝트'의 성과

'PLUSTIC 패션' 프로젝트는 시작한지 1년 정도 지났고 현재 진행형이다. 그 성과를 평가하는 것은 시기적으로 이르지만, 그간의 성과를 요약하면 다음과 같다.

첫째, 가장 중요한 성과는 분리배출, 수거, 재활용의 연결고리가 형성된 것이다. 블랙야크는 환경부와 지자체들과 협력해 소비자들이 투명 페트병을 분리 배출할 수 있는 여건을 만들고 있고 현재도 진행 중이다. 블랙야크는 재활용업체와 업무협약을 통해 국내에서 배출된 페트병을 재활용해 패션의류를 제작할 수 있는 여건을 마련했다. 현재까지 재활용된 양은 300톤(500ml 생수병 기준)에 이르고 이를 통해 저감된 탄소배출량은 약 895톤이다. 앞으로 공동주택에 더해 일반 주택에서도 투명한 페트병 수거함과 일반 플라스틱 수거함이 마련될 예정이고 소비현장에서 소비재회사와의 협력을 통해 투명 페트병을 수거하고 재활용하는 모델을 개발하고 있어 이러한 성과는 계속 커질 것이다.

둘째, 블랙야크는 2021년 생산한 제품에서 국내에서 배출된 페트병을 재활용한 비율은 14%였고, 주로 티셔츠와 바지 제품에 재활용 소재를 집중적으로 사용하였다. 이러한 비중은 블랙야크가 첫해부터 적극적인 행보를 시작했음을 보여준다. 블랙야크는 제품생산시 재활용 비율을 반기마다 10% 이상 높여갈 계획이다. 지금까지의 판매현황을 보면 동일 제품군 내에서 'PLUSTIC 패션' 제품의 판매 비중이 일반 소재의 제품보다 높은 것으로 나타나고 있는데, 이는 소비자들이 친환경제품에 대한 의식 수준이 높고 재활용의류를 선호할 가능성을 보여준다. 블랙야크는 이러한 소비자들의 긍정적인 반응에만 의지하지 않고 재활용 의류의 기능성과 디자인을 강화하여 지속가능한 패션을 추구하는 소비자들에게 소구할 예정이다.

셋째, BAC 회원들은 '클린마운틴 365' 활동을 10년 넘게 전개하고 있고, 나눔재단의 청년 셰르파들은 국내외에서 산과 바다에 버려진 쓰레기를 수거하는 활동을 지속하고 있으며, 클린 도전단은 산에 있는 쓰레기 수거를 위한 본격적인 활동을 하고 있다. 이러한 활동으로 현재까지 250톤의 쓰레기가 수거된 것으로 파악되고 있다. '클린 마운틴 365'는 전국적으로 계속될 것이고 커뮤니티 회원 수가 증가되면서 수거량도 계속 증가될 것이다. 또한 클린 도전단의 활동은 지금까지는 제한적으로 수행되었지만 앞으로 이들의 활동은 전국적으로 확대되고 체계화될 것이다.

넷째, 블랙야크는 2021년 5월부터 '페트병완전독립운동' 광고를 시작하면서 소비자들이 투명한 페트병을 매장으로 가져오면 티셔츠로 교환해주는 '페트줄게 새옷다오' 행사를 진행해오고 있다. 이 행사의 목적은 투명 페트병이 잘 재활용하면 폐기물이 아닌 순환 가능한 자원임을 소비자들이 직접 느낄 수 있게 해 주는 것이다. 블랙야크는 이 행사를 통해 현재까지 500ml 기준으로 7만개 이상의 투명페트병을 수거하였으며 이 페트병을 재활용해 제품을 생산함으로써 약 2.6톤의 탄소배출량을 감축하는 성과를 낸 바 있다.

마지막으로 블랙야크의 'PLUSTIC 패션' 프로젝트의 진정성은 국제기구에서 인정받고 있다. 블랙야크는 UN에서 발표한 지속가능개발목표 경영지수(Sustainable Development Goals Business Index, SDGBI라 칭해짐) 평가에서 2년 연속 최우수그룹으로 선정되었는데, 이는 패션업체로서는 유일하다. 지속가능개발목표 경영지수는 기업의 지속가능성을 평가해 산출한 지수로 공식적으로 인정받고 있는 평가시스템이다. 이 기관은 분야별로 기업순위를 산출해 1위 그룹, 최우수 그룹, 상위 그룹, 편입 그룹 등 4개 그룹으로 발표한다. 블랙야크는 평가 항목 중에서도 건강한 소비문화 조성, 생태계 보존을 위한 제품개발 및 사회공헌활동에서 높은 점수를 받았다. 강태선 회장은 2020년에 발표된 글로벌 지속가능 리더 100에도 선정되었는데, 이는 국내 패션 기업인 중 유일하다.

블랙야크가 전개하고 있는 'PLUSTIC 패션' 프로젝트는 현재보다는 미래가 더 기대되는 활동이다. 저자는 5부에서 이 프로젝트가 국민운동으로 승화 발전되기 위해 블랙야크와 소비자는 담당해야 할 과제를 제안하였다.

참고문헌

김병규 (2021), 플라스틱은 어떻게 브랜드의 무기가 되는가, 미래의 창

제5부

소비자가 자연환경의 주인: 소비자에 의해 주도되고 완성되는 'PLUSTIC 패션' 프로젝트

저자는 서두에서 CSR, CSV, 지속가능경영, ESG가 제기되는 과정을 소개한 바 있다. 이를 통해 저자는 기업이 사회 내에서 담당해야 할 책임이 시대적 배경에 따라 진화되었음을 정리해 보았다. 이러한 논의들은 더 좋은 세상을 만드는데 소비자와 기업이 담당해야 할 역할을 진단하고 제안하고 있다.

과연 기업만이 더 좋은 세상을 만들기 위해 노력해야 할까? 최근 첨단기술에 기반한 4차 산업혁명 시대에 소비자는 확내된 네트워크를 형싱하면서 기업과 고객과의 관계에서 능동적인 역할을 수행하고 있고, 그에 따라 'customer ownership'이라는 용어가 등장하고 있다. 이러한 관점에서 보면 블랙야크가 전개하고 있는 'PLUSTIC 패션' 프로젝트의 주인은 소비자다. 이하에서는 이러한 소비자의 역할변화가 시작된 배경을 소개하고 국민이 주인공이 되는 프로젝트가 되기를 기원하면서 블랙야크와 소비자가 담당해야 할 역할을 제안해 보았다.

1. 4차 산업혁명 시대의 소비자의 역할 변화와 지위 역전: 소비자는 시장이라는 무대에서 주인공이 되기 원한다.

첨단기술에 기반해 소비자는 확대된 네트워크를 구성할 수 있게 되고 소비자는 이제 과거처럼 여러 대안 중에서 제품을 선택하는 수동적인 구매자가 아니다. 소비자는 자신이 원하는 제품을 회사에 요구하고 참여하는 협력자가 되고 있으며 더 나아가 소비자는 기업과 소비자와의 관계에서 주도적인 역할을 하고 있다. 블랙야크가 제안하는 플라스틱 재앙 예방을 위한 국민운동은 이러한 소비자의 역할 변화를 잘 이해하고 활용해야 한다.

시장은 산업화 시대의 '1.0 시장', 정보화 시대의 '2.0 시장', 참여와 협력의 '3.0 시장', 인공지능의 '4.0 시장'으로 진화되고 있다(Kotler 2010). 인터넷과 모바일로 통칭되는 뉴미디어의 특징은 고화질/고음질, 다채널, 쌍방향 서비스, 콘텐츠 저장과 변환의 용이성, 미디어의 선별적 선택 등으로 요약되고(Jenkins 2006), 그 결과 소비자는 기업과 서로 동등한 위치에서 상호작용할 수 있는 기회를 갖게 된다. 소비자는 과거와는 달리 기업에 대해 통제력을 갖고 자신이 원하는 시기와 장소에서 신속하게 의사소통할 수 있는 기회를 갖게 된 것이다(황장선과 도선재 2011).

특히 소셜 미디어의 등장은 소비자들에게 새로운 경험 영역을 제공하고 있다. 온라인상에서 빠른 변화를 주도하고 있는 소셜 미디어는 사람들이 의견, 생각, 경험 등을 공유하기 위해 사용하는 온라인 도구나 플랫폼을 의미한다. 소비자들은 표현형 소셜 미디어(Blog, Twitter, YouTube, Facebook 등)를 통해 정보를 공유하고 재생산하면서 자신을 불특정 다수에게 표현할 기회를 갖게 되었고, 협력형 소셜 미디어(예: Wikipedia, Rotten Tamatoes, Craiglist 등)를 통해 불특정 다수와 함께 콘텐츠를 생산하고 공유하게 되었다. 체스브로(Chesbrough, 2006)는 크라우드 소싱(대중이 참여해 제품이나 서비스를 생산하고 이를 통한 수익을 참여자들에 공유하는 방식)을 통한 새로운 아이디어 개발을 제안하고 있는데, 이러한 현상은 다양한 영역에서 발현되고 있다(Tapscott & Williams 2006).

소비자들이 서로 참여하고 협력할 수 있게 되자, 기업과 소비자간 커뮤니케이션 흐름은 기업에서 소비자로의 일방향성에서 소비자 간 쌍방향 정보교환으로 또는 소비자에서 기업으로의 정보 흐름으로 바뀌고 있다. 즉 소비자는 기업과의 관계에서 주도성을 확보한 것이다. Prahalad & Ramaswamy(2004)에 따르면, 소비자는 서로 연결되어 있고(특히 불특정 다수와), 시장에 있는 정보를 공유하면서 주도적으로 상품을 선택하고 있으며 기업의 활동에 영향력을 행사하는 강력한 소비자로 거듭나고 있다.

미래 소비자 역할의 변화를 예측하는 것은 매우 어려운 과제이지만, Turner(1969)은 의례적 전통이 변화되는 과정을 분리(seperation), 무경계(margin), 집합(aggregation)으로 설명한 바 있는데, 이 개념에 따라 소비자 역할의 과거, 현재 및 미래를 다음과 같이 예측해 보았다.

과거의 소비자(수동적 구매자): 과거의 기업과 소비자의 관계는 일방적 관계였다. 즉, 기업이 생산한 제품을 소비자에게 제공하고 제품에 대한 정보가 기업의 주도하에 일방적으로 제공되었고, 소비자는 제한적인 정보 내에서 주어진 대안들 중 선택할 수밖에 없었고, 소비자는 선택시 자신의 희생을 최소화(customer sacrifice: 소비자는 자신이 진정으로 원하는 것과 실제로 구매하는 것과의 차이)하기 위한 의사결정을 할 수밖에 없었다(Pine and Gimore 1999). 이 시기 소비자의 역할은 수동적인 구매자였다.

현재의 소비자(참여자로서의 소비자): 새로운 기술로 무장된 뉴미디어는 소비자에게 무한한 정보를 제공해 주고 있고, 소비자는 이를 효율적으로 탐색할 수 있게 되었다. 또한, 소비자들은 아무런 제약 없이 커뮤니티를 구성하여 구성원들 사이의 자유로운 정보교환을 시작했다. 과거의 소비자들이 매우 제한된 네트워크를 갖고 있었지만 뉴미디어 시대의 소비자는 확대된 커뮤니티를 갖게 되었다고 볼 수 있는데, McAlexander et al.(2002)가 제안한 고객 중심의 브랜드 커뮤니티 모형(customer-entric brand community)이 좋은 예이다. 이와 같이 고객의 주도성이 높아지면서 Pine & Gilmore(1999)는 고객과의 상호작용을 통하여 고객을 관여(engagement)시키는 것이 기업의 핵심적인 경쟁력이라고 언급한 바 있다.

소비자는 이제 참여자로 그 역할을 바꾸고 있다(Jenkins 2006). 예를 들어, 이미 소비자의 생산자 역할(prosumer: 제품을 소비하면서 제품을 만드는 역할을 겸함)과 판매자 역할(salesumer: 제품을 소비하면서 판매원의 역할을 수행)은 이미 자주 언급된 바 있다. Sharma & Sheth(2004)는 이를 바탕으로 기업과 소비자간 리버스 마케팅이라는 개념을 제안한 바 있다. 기업과 소비자와의 관계는 일방적인 관계에서 쌍방향적인 관계로 발전하고 있고 과거의 기업 주도의 질서가 무너지면서 기업과 고객의 관계는 무경계성을 갖게 된다. 즉 기업과 고객은 서로 분리된 객체가 아니라 하나의 공동체가 되는 것이다. 공연무대에서 공연자가 관람객의 참여를 기획하는 모습이 자주 목격되고 있고(Lancaster 1997), 예술품 관련 전시회도 작가와 관람객이 구분되지 않고 진행된다(유창조, 백지은 2006). 또한, 홍대 앞 예술시장의 모든 구성원들은 판매자, 구매자, 고객의 역할을 함께 수행하는 모습을 보여주기도 한다(유창조, 김미나 2007).

미래의 소비자(새로운 소비문화 발현자로서의 소비자): 소비자와 기업과의 무경계성을 거치면서 소비자들은 더 나아가 독립된 개체로서 정체성을 확립하기 시작했다. 최근 소비자들은 기업이 제공하는 제품을 단순히 사용하지 않고, 자신의 욕구를 완성하기 위해 개조하기도 하고, 다양한 치장을 통하여 개성을 표현하기도 하고, 주어진 정보를 이용하고 새로운 창작물을 만들기도 하며, 기업이 미처 생각하지 못한 새로운 가치와 용도를 발견하기도 한다(Caru and Cova 2007; Sherry, Kazinets, and Borghini 2007). 소비자가 제품의 소비를 하나의 놀이로 인식하면서 새로운 가치와 소비문화를 만들어가는 주체(originators of new consumption culture)가 되고 있다. 이러한 발현적 소비현상은 한국에서 발견되는 고유한 현상으로 볼 수 있다. 이와 관련한 가장 대표적인 예는 2002년 월드컵에서 나타난 길거리 응원이다(유창조 2007). 유창조(2007)는 2002년의 길거리 응원이 전혀 기획되지 않은 상황에서 하나의 커뮤니티 행사가 국가적인 축제로 발전되는 과정을 분석한 바 있다. 그 결과 국가적인 축제로 발전하게 된 결정적인 요인으로 구성원들의 주인공의식이 언급된 바 있다. 즉, 국민은 당시 국가대표 축구팀 경기의 관람자가 아니라 12번째 선수로 함께 뛰었던 것이다. 이 연구에서는 기존 구성원의 위계적 질서가 역전되는 현상도 목격되었다(예: 여성과 남성의 지위 역전, 기성세대와 신세대의 지위 역전). 즉, Turner(1969)가 제시하는 지위의 역전형상이 목격되었던 것이다.

기업과 소비자의 관계에서 소비자들은 이제 주도자가 되기 원한다. 수동적 구매자로서의 소비자는 현명한 선택을, 참여자로서의 소비자는 기업에게 원하는 제품을 요구했다면, 소비문화 발현자로서의 소비자는 기업과의 관계를 의식하지 않고 자신들의 모임 자체를 즐기면서 자신들만의 고유한 문화를 만들어 간다. 과거 기업이 기업과 고객과의 관계에서 무대의 주인공 역할을 했다고 하면, 미래에는 주인공인 소비자를 지원하는 역할을 해야하고 그에 따라 고객과의 바람직한 관계를 재설정해야 한다.

이러한 최근 변화는 앞서 설명한 바 있는 블랙야크의 BAC 커뮤니티에서 잘 목격된다. 회원들은 회사가 마련해 준 다양한 도전 프로그램에 호응하면서 자발적으로 산에 버려진 쓰레기를 수거하고 있다. 회원들은 등반을 통한 도전과 환경보호를 함께하는 고유한 등산문화를 만들어 가고 있다. 블랙야크는 초기 BAC의 활동을 주도했지만 지금은 이 커뮤니티의 보조자 또는 지원자로 역할을 수정하고 있다.

이러한 기업과 소비자간 관계 변화의 중심에 소비자의 주도성이 있다. 소비자가 변하면, 시장의 질서가 변하고 산업이 변화하며 그에 따라 기업전략도 변화되어야 한다. 이런 맥락에서 보면 블랙야크가 전개하는 'PLUSTIC 패션' 프로젝트의 주인공은 소비자가 되어야 한다.

2. 블랙야크가 'PLUSTIC 패션' 프로젝트에 소비자들을 주인공으로 초대하려면?

소비자가 참여하지 않으면 블랙야크의 'PLUSTIC 패션' 프로젝트는 성과를 내기 어렵다. 블랙야크는 프로젝트의 주인공으로 소비자를 초대해야 한다. 이를 위해 블랙야크가 앞으로 해결할 과제는 다음과 같다.

1) 우리나라 자연환경의 주인이 소비자임을 알려야 한다.
2) 소비자만이 페트병 재활용 생태계를 주도할 수 있음을 알리자.
3) 블랙야크는 인내심을 가지고 장기적인 투자관점에서 전국적인 페트병 재활용 플랫폼을 구축해야 한다.
4) "PLUSTIC" 로고를 국내 환경을 지키는 명예로운 시민임을 표현하는 상징적 기호로 활용하자.
5) 블랙야크 온라인 커뮤니티 "BAC"를 'PLUSTIC 패션' 프로젝트의 전도사로 활용하자.
6) 소비자 선택형 대의명분마케팅 활동을 기획해 보자.
7) "PLUSTIC" 패션 캠페인을 전달하기 위한 장기적인 안목의 통합적 마케팅커뮤니케이션 활동을 계획하자.

블랙야크의 'PLUSTIC 패션' 프로젝트는 현재 진행형이다. 소비된 페트병을 자원으로 전환하는 역할의 시작과 마무리는 소비자이다. 소비자가 소비한 페트병을 분리해서 배출하지 않는다면, 그리고 국내 페트병을 재활용한 패션 제품을 선택하지 않는다면, 수거업체나 재활용업체 그리고 블랙야크에게는 대안이 없다. 따라서 블랙야크는 'PLUSTIC 패션' 프로젝트를 범국민이 참여하는 국민운동으로 승화시키기 위해 소비자들을 주인공으로 초대해야 한다. 이를 위한 블랙야크의 과제를 제안하면 다음과 같다.

1) 첫 번째 과제: 우리나라 자연환경의 주인이 소비자임을 알려야 한다.

4차 산업혁명 시대에 "customer ownership"이라는 용어가 자주 등장하고 있다. 이 용어는 기업과 소비자와의 관계변화에 따라 등장한 용어로 '소비자가 구매한 제품이나 서비스를 사용한 후 좋은 경험을 하게 되면 브랜드에 대한 열성적인 지지자가 되어 자발적으로 그 브랜드를 다른 사람에게 소개하거나 추천하고 브랜드에 대한 건설적인 비판을 회사에게 제시하며 브랜드의 새로운 방향에 대한 아이디어를 제공해 준다'는 것으로 소비자가 회사의 주인임을 의미한다. 앞서 설명한 바 있는 소비자와 기업간 관계의 변화 결과인 지위역전 현상으로 등장한 용어이다.

같은 관점에서 소비자는 자연환경의 주인이다. 바람직한 미래 환경에서 오는 혜택은 소비자 모두에게 돌아가게 된다. 소비자는 일상생활에서 좋은 자연환경이 제공하는 혜택을 즐길 수 있지만 이를 당연한 것으로 간주하는 경향이 있다. 자연환경은 공공재의 성격을 갖기 때문이다. 그러나 자연환경이 훼손되었을 때의 불편함은 매우 크게 느껴진다. 최근 대두되고 있는 미세먼지로 인한 일상생활의 불편함이 좋은 예이다. 자연환경에 주인의식을 갖는 소비자는 소비생활에서 바람직한 역할을 자발적으로 담당하게 될 것이다.

투명 페트병 재활용의 출발점은 소비자의 적절한 분리배출이다. 그러나 소비자들에 의한 바람직한 분리 배출은 쉽지 않은 과제이다. 소비자들이 투명 페트병을 바람직한 방향으로 배출하려면 어느 정도의 불편함을 감수해야 한다. 가장 정확한 분리배출은 1) 투명한 페트병을 구분하고 2) 라벨을 분리한 후 헹구어야 하고 3) 압축시킨 후 4) 뚜껑을 닫은 채로 분리된 수거함에 배출해야 한다. 라벨을 분리하고 헹구어 이물질이 제거되어야 패션의류의 색감을 낼 수 있고 뚜껑을 닫아 압축시켜야 부피를 줄여 수거의 효율성을 높이고 부피가 다시 커지는 것과 이물질이 들어가는 것을 방지할 수 있다. 앞서 소개한 바와 같이 우리나라 소비자들은 높은 윤리의식과 친환경의식을 갖고 있다. 소비자들이 자연환경의 주인의식을 갖는다면 적절한 분리배출을 통해 바람직한 환경을 미래 세대에게 넘겨주려 할 것이다.

〈그림 10〉 소비자의 적절한 분리배출 방법

만일 소비자가 일반 주택에 거주하는 경우 투명한 페트병과 일반 플라스틱의 수거함이 분리되어 있지 않을 것이다. 이 경우 소비자는 투명 페트병만이라도 따로 모아 배출해 주어야 한다. 그래야 투명 페트병이 일반 쓰레기와 혼재된 상태에서 수거되어 소각이나 매립에 따른 환경 훼손을 막을 수 있다.

저자가 직접 연구한 바 있는 2002년 길거리 응원은 주인의식의 중요성을 잘 보여준다. 당시 국민들은 국가대표를 응원하기 위해 열광적으로 길거리 응원에 참여했다. 길거리 응원에 참여할 때 많은 불편함이 수반되었다. 예를 들어 한여름의 더위를 아스팔트에서 5시간 정도 견뎌야 하고 화장실을 가는 것도 쉽지 않았다. 그럼에도 불구하고 온 국민들은 내가 12번째 선수라는 주인의식을 가졌기 때문에 모든 불편함을 감수했다. Red Devils 운영진들은 국민들을 월드컵 무대의 관람자가 아니라 선수로 초대하는 창의력을 발휘했다. 월드컵 경기에서 주인공 역할을 인식한 국민들은 국가대표팀이 최소 1승을 거두고 더 나아가 예선을 통과하기를 바라는 염원을 가졌고 이런 염원이 성취되기를 바라는 마음으로 길거리 응원에서 12번째 선수로 함께 뛰었다. 그 결과 우리나라 온 국민은 함께 열광하면서 국내에서 처음 개최된 월드컵 무대를 국가적인 축제로 즐길 수 있었다.

마찬가지로 국내에서 소비되는 플라스틱을 줄이는 것은 의무가 아니라 놀이로 인식될 때 자연환경을 더 잘 즐기기 위한 그리고 미래 세대를 위한 투자가 될 수 있다. 이러한 놀이 또는 투자의 주인공이 소비자임을 느끼게 해 준다면, 소비자는 분리배출의 여러 가지 불편함을 기꺼이 감수하게 될 것이다.

2) 두 번째 과제: 소비자가 페트병 재활용 생태계의 순환과정을 주도할 수 있음을 알리자.

마케팅에서 기업이 소비자에게 제품이나 서비스를 소구하는 방법으로 'push 전략'과 'pull 전략'이 있다. 'push 전략'은 기업이 중간 유통구성원들(도매상이나 소매상)에게 제품을 적극적으로 판매할 동기를 제공해 이들이 소비자들에게 제품을 추천하게 만드는 방식이다. 특히 제약회사에서 약국을 지원해 제품을 판매하는 전략을 자주 사용한다. 반면 'pull 전략'은 소비자들에게 제품의 강점을 소구해 소비자들이 매장에서 자사 브랜드를 주문하게 하는 방식이다. 대부분의 소비재 회사들(자동차, 가전제품 등)은 이러한 방식을 사용하고 있다.

플라스틱 재활용 생태계는 소비자-수거업체-재활용업체-패션회사로 구성됨을 설명한 바 있다. 소비자들은 국내 페트병 재활용과정을 원활하게 만들 수 있는 강력한 무기를 갖고 있다. 바로 브랜드 선택을 통한 영향력 행사이다. 소비자들이 국내 페트병이 재활용된 패션의류를 우선적으로 선택한다면, 패션회사는 국내 페트 재활용 원단을 더 많이 주문하게 되고 이는 역으로 원사업체 및 칩 생산업체의 주문량이 많아질 것이다. 그러면 재활용단계에서 대량 생산으로 인해 원가가 절감될 수 있다. 수요가 있으면 플레이크 및 칩 생산업체들은 수거업체에게 투명 페트병을 더 높은 가격으로 구매하게 된다. 수거업체는 투명한 페트병을 더 높은 가격으로 판매할 수 있기 때문에 이를 위한 장비를 갖추기 위한 투자를 할 수 있게 된다. 이러한 과정에서 투명 페트병을 수입에 의존하는 현상이 역전될 수 있다. 요약하면, 소비자는 현명한 브랜드 선택을 통해 국내 페트병 선순환 생태계를 유도할 수 있는 것이다.

다만 여기에 해결되어야 할 과제들이 있다. 첫째, 소비자들이 페트병 재활용 의류에 대한 거부감을 가질 수 있다. 하지만 앞서 설명했듯이 일반 의류의 소재는 폴리에스터이고 이는 원유와 천연가스를 사용해 만들어진다. 페트병도 마찬가지로 원유나 천연가스를 사용해 만들고 있다. 따라서 투명한 페트병을 재활용하면 일반 의류와 같은 폴리에스터를 사용하는 것이다. 따라서 소비자들은 페트병을 재활용한 의류를 소비함에 따른 거부감을 느낄 이유가 없다.

둘째, 소비자들은 같은 가격에서 또는 조금 높은 가격에서도 재활용 의류를 선택할 의지가 있어야 한다. 현재 국내 투명 페트병 재활용 제품의 원가구조를 보면, 이를 재활용해 의류를 제작하는 비용은 일반 의류에 비해 높은 편이다. 따라서 패션 회사들은 일반 의류에 비해 조금 높은 가격을 책정할 수도 있고 또는 좋은 이미지를 확보하는 방법으로 같은 가격을 책정할 수도 있다. 소비자가 국내 페트병이 재활용된 의류를 우선적으로 선택한다면 대량 생산에 따라 원가가 절감되어 가격이 더 낮아질 수도 있다. 따라서 소비자의 재활용의류에 대한 우선적 구매는 우리나라 자연환경을 보호하기 위한 투자가 된다.

3) 세 번째 과제: 블랙야크는 장기적인 투자의 관점에서 전국적인 페트병 재활용 플랫폼을 구축해야 한다.

많은 기업들이 플라스틱을 활용해 제품화하고 있고 소비자들은 이를 소비하고 있다. 플라스틱을 이용한 제품을 생산하고 소비하는 것은 이제 일상이 되었다. 시간이 지나가면서 적절하게 배출되지 않은 플라스틱으로 인한 문제는 우리의 삶에 직접적으로 영향을 미치게 될 것이다. 이제 플라스틱 쓰레기 문제를 최소화하는 것은 우리 모두의 과제이다.

그러나 이러한 과제는 소비자와 블랙야크와 같은 패션 회사의 노력으로만으로 해결되지 못한다. 이를 위해서는 기업뿐만 아니라 정부, 지자체 및 재활용업체의 참여와 협력이 필요하다. 특히 소비된 플라스틱이 재활용되기 위해서는 배출되는 시점에서의 분리(소비자 역할), 수거(수거업체 역할) 및 재활활용하는 생산시스템이 원활하게 연결되어 있어야 한다. 따라서 총체적인 협력시스템이 요구된다.

앞서 설명한 바 있듯이 블랙야크는 서울시 8개 자치구를 비롯해 강원도, 삼척시, 강릉시, 충청남도의 모든 시와 군 등 지자체와 협약을 맺어 지역사회에서 배출되는 페트병을 투명한 상태에서 수거해 재활용 업체에게 판매되는 모델을 만들고 있다. 이 모델이 전국적으로 확대되기 위해선 블랙야크의 더 많은 노력과 투자가 요구된다. 당장 수익이 나오지 못하고 비용은 늘어 가는데 이를 블랙야크가 지속적으로 감당할 수 있을까?

저자는 오래 전부터 강태선 회장과 사제지간의 인연을 맺고 있고 그래서 강회장의 외고집을 잘 알고 있다. 강태선 회장은 '자연과 인간의 공존'이라는 사명을 구현하기 위해 어떠한 비용도 감수할 의지가 있다. 강회장의 외고집은 멀지 않은 미래에 국내에서 소비된 페트병이 대부분 재활용되는 성과로 이어질 것이라 기대한다. 블랙야크의 이러한 노력은 투자가 되어 국내 플라스틱 쓰레기 재앙을 예방하는 선도 기업으로 자리매김하고 소비자의 선택을 받으면서 경제적 성과로 돌아오게 될 것이다. 물론 시간이 걸릴 것이다. 이러한 블랙야크의 노력과 투자는 우리나라 자연을 보존한다는 사명감에 입각해 한번 시도해 보는 프로젝트가 아니라 'must 프로젝트'가 되어야 한다.

4) 네 번째 과제: "PLUSTIC" 로고를 국내 환경을 지키는 명예로운 시민임을 표현하는 상징적 기호로 활용하자.

최근 여러 자료에서 소비자들이 업사이클링으로 만들어진 패션제품들을 선호하고 있음이 확인된다. 이러한 제품을 구매하는 것이 지구촌 환경을 보존할 수 있고 이에 동참하는 자부심을 느낄 수 있기 때문이다. 앞서 언급한 바 있는 파타고니아는 기업 사명을 "We are in business to save our home planet"으로 설정하고 이를 기업 활동 전반에서 실천하고 있다. 심지어 이 기업은 블랙 프라이데이(미국의 추수감사절 휴일 다음날로 연말 쇼핑 시즌을 알리면서 연중 최대의 쇼핑이 일어나는 날) 당일 "Don't buy this jacket"이라는 광고를 뉴욕 타임즈에 낸 바 있다. 플라스틱을 이용한 의류가 지구를 오염시키는 주범이 될 수 있음을 알리면서 그 제품이 꼭 필요하지 않고 친환경소재 제품이 아니라면 소비자에게 구매할 때 다시 생각해 보라고 권장하는 메시지이다. 이러한 광고는 지구를 지키는 것이 기업의 목적이라는 파타고니아의 기업 미션을 역설적으로 보여주었다. 모든 제품이 친환경이 고려되어 생산되고 있음이 소비자들에게 전달되면서 광고 후 매출이 40%나 성장되었다. 이 사례는 철저한 친환경제품 생산이 강력한 경쟁 무기로 사용될 수 있음을 보여준다.

블랙야크는 친환경 활동에서 파타고니아와는 다른 고유한 차별점(학술적인 용어로 unique selling proposition이라고 함)을 가지고 있다. 바로 국내에서 소비된 페트병만을 재활용해 패션의류를 제작한다는 점이다. 이러한 차별점은 국내 소비자들에게 매우 중요한 이슈가 될 수 있다. 우리의 자연환경을 지키는데 도움이 되기 때문이다.

블랙야크는 국내에서 소비된 플라스틱을 재활용한 제품임을 상징하는 "PLUSTIC" 로고를 개발한 바 있다. 저자는 이 로고가 블랙야크의 패션의류에 표현되어야 한다고 제안한다. 그래야 소비자들이 옷을 입고 다니면서 자신이 환경을 보존하는 주역임을 표현할 수 있게 된다. '플라스틱' 로고는 친환경을 추구하는 소비자임을 표현하는 상징적인 기호가 될 수 있다. 이 로고가 블랙야크 제품의 디자인과 조화를 이루며 눈에 잘 띄게 표현될 때, 이 로고가 주변 사람들에 의해 인지되면서 재활용의류의 소비는 무서운 속도로 확산될 수 있을 것이다.

이와 관련해 iPod의 성공신화에서 좋은 선례가 있다. 애플로 복귀한 스티브 잡스는 디지털 시장의 잠재 가능성을 파악하고 소비자들에게 자신이 원하는 곡을 담아 소유하면서 즐길 수 있는 기기인 iPod를 개발해 애플을 기사회생시킨 바 있다. 이 제품은 우수한 기능성과 디자인 감각이 주요 성공요인이지만 폭발적인 성장의 기폭제가 된 흥미로운 사건이 있다. iPod가 시장에 소개되고 혁신적인 소비자들이 이 제품을 구매하고 하얀색의 이어폰을 사용하기 시작했다. 당시 스티브 잡스는 제품의 기능성과 함께 멋진 디자인 개발에 공을 들여 깔끔해 보이는 흰색 이어폰을 소개한 바 있다. 앞서가는 소비자들이 흰색 이어폰을 끼고 다니는 것이 목격되면서 소비자들의 시선을 끌었고 흰색 이어폰은 멋쟁이들의 장식품으로 부상되었다. 흰색 이어폰이 브랜드의 상징적인 아이콘이 된 것이다. 이 후 iPod는 놀라운 속도로 대중 소비자들에게 확산되었다.

마찬가지로 블랙야크는 "PLUSTIC" 로고를 상징적인 아이콘으로 사용해야 한다. 현재 소비자들은 매장에서 국내 페트병을 재활용한 제품에 K-rPET 마크가 부착되어 있음을 확인할 수 있다. 이는 구매 시점에서 소비자들의 구매에 어느 정도 영향을 미칠 수 있을 것이다. 그러나 더 중요한 것은 소비자들이 재활용된 의류를 입고 다니면서 자신이 국내 자연환경을 보존하는데 앞장서고 있음을 보여줄 수 있어야 한다는 것이다. "PLUSTIC" 로고가 다른 사람들에 의해 쉽게 눈에 띌 수 있도록 만들어 준다면, 그 자체로도 구전효과를 유발할 수 있을 것이다.

5) 다섯 번째 과제: 블랙야크 온라인 커뮤니티 "BAC"를 'PLUSTIC 패션 프로젝트'의 전도사로 활용하자.

'PLUSTIC 패션' 프로젝트는 국민의 참여를 유도해야 하는데, 이를 위해서는 막대한 비용과 시간이 걸릴 것이다. 한 기업이 혼자의 힘으로 감당하기 어려운 과제이다. 블랙야크는 이 프로젝트를 국민운동으로 확산시키기 위해서는 열성적인 전도사 역할을 담당할 그룹이 필요하다.

이와 관련해 로저스라는 학자가 제안한 제품 확산이론(product diffusion theory)이 적용될 수 있다. 제품 확산이론은 혁신적인 제품이 소비자들에 의해 수용되는 단계를 설명한다. 새로운 혁신제품은 혁신 사용자

(innovators, 2.5%의 혁신적인 소비자)에 의해 처음으로 사용되고 조기 수용자(early adopters, 13.5%의 소비자로 조기에 신제품을 수용하는 그룹)에 의해 확산이 시작된다. 조기 수용자들은 대체로 유행에 민감하기 때문에 혁신 사용자의 평가가 호의적으로 나오면 이 신제품을 빨리 시도하려는 경향이 있는 소비자들이다. 조기 수용자들로 신제품 수용이 확산되면 다음엔 전기 수용자(early majority, 어느 정도 제품의 가치가 알려진 후 일반 소비자들 중 비교적 조기에 신제품을 사용하는 그룹으로 전체의 34%를 차지함), 후기 수용자(late majority, 상대적으로 후기에 제품을 시도하는 그룹으로 전체의 34%를 차지함), 지각 수용자(laggards, 신제품에 관심이 거의 없는 그룹으로 전체의 16%를 차지함)들에 의해 신제품이 시도되면서 신제품 확산이 완성된다. 이 과정에서 전기 수용자와 조기 수용자 사이에 캐즘(chasm)[15]이 존재하는데, 신제품이 초기 시장에서 주류 시장으로 넘어가지 못하게 하는 장애요인이다. 이와 관련된 임계질량(critical mass)이라는 용어가 있다. 이는 핵분열 물질(fissile material)이 핵 연쇄 반응의 과정에서 스스로 폭발할 수 있는 최소한의 질량을 말한다. 마찬가지로 신제품이 확산되려면 이를 시도하는 소비자의 수가 어느 수준까지 증가되어야 캐즘을 극복할 수 있다.

현재 세계에서 시가 총액 1, 2위를 다투는 애플에는 다른 기업들이 갖지 못하는 소중한 자산이 있다. 바로 열성적인 충성고객들(Mac Fanatics라 불림)인데, 이들은 혁신적인 애플의 신제품 매킨토시에 매료되어 애플 제품을 일반 소비자들에게 소개하는 전도사의 역할을 해 왔다. 이들은 앞서 설명한 혁신적인 소비자 그룹이라고 볼 수 있다. 앞서 소개한 바 있는 iPod 성공 사례는 이들의 노력으로 제품의 기술력과 감각적 디자인이 조기 수용자들에

15 제품 확산과정에서 초기 시장과 주류시장 사이에 존재하는 틈새로 초기 수용자가 어느 정도 확보되되지 못하면 본격적인 제품 확산이 진행되기 어려워진다.

게 소개되어, 이에 매료된 조기 수용자들이 제품을 적극적으로 시도하면서 흰색 이어폰이 멋쟁이의 상징으로 부각되면서 캐즘을 극복할 수 있었다.

블랙야크도 매우 중요한 자산을 갖고 있다. 바로 26만 명에 이르는 BAC(BLACKYAK ALPINE CLUB)' 커뮤니티다. 강태선 회장이 참여와 협력 시대를 예상하면서 만든 소셜 네트워킹 커뮤니티는 국민운동을 확산시키는 결정적인 역할을 담당할 수 있다. 이들은 우리나라 전국에 있는 명산과 섬을 탐험하면서 이미 산에 있는 쓰레기를 수거하는 활동을 전개하고 있다. 이들은 플라스틱 쓰레기의 적절한 배출방법과 국내 페트병이 재활용된 의류제품의 우수성을 전하는 전도사의 역할을 수행할 수 있다. 회원들이 앞서 제안한 "PLUSTIC" 로고가 있는 의류를 입고 다닌다면, 이 마크가 국내 자연환경 지킴이라는 상징적 의미가 많은 사람들에게 전달될 것이다. 아웃도어 의류 소비자들이 이를 보고 "PLUSTIC" 로고를 착용하고 다니고 싶어지게 되면서 플라스틱 재앙을 예방하는 범국민운동은 완성될 것이다.

6) 여섯 번째 과제: 소비자 선택형 대의명분마케팅 활동을 기획해 보자.

앞서 미네워터와 'Very Good Manner' 캠페인을 소개하면서 소비자가 기부를 선택할 수 있을 때 나타나는 성과를 설명한 바 있다. 선택형 대의명분마케팅의 핵심은 더 좋은 사회를 만들기 위한 기부를 기업이 아닌 소비자가 주도하는 것이다. 앞서 설명했듯이 소비자는 기업과의 관계에서 참여적 또는 주도적 역할을 원하고 있다. 바로 이러한 소비자의 역할 변화를 참고하여 소비자가 자발적으로 국내 페트병 재활용 시스템을 지원하는 선택형 대의명분마케팅 프로그램을 시도해 볼 필요가 있다.

이러한 프로그램의 예를 들어 보면 다음과 같다. 국내 페트병이 재활용된 의류 제품에 기본가격이 제시된다. 소비자가 국내 페트병 재활용 제품

구매시 판매가격과 별도로 일정 금액(예를 들어 1,000원)의 기부를 선택하면, 블랙야크도 같은 금액을 기부한다. 이렇게 조성된 기금은 국내에서 배출된 투명 페트병을 수거하고 재활용되는데 사용된다. 소비자는 원하지 않을 경우 기부하지 않고 제품만 구매할 수 있다. 그러나 소비자가 투명 페트병의 적절한 수거와 재활용을 통해 우리 자연환경을 보존할 수 있다고 생각하게 되면, 소정의 금액을 자발적으로 기부할 수 있다. 이 때 소비자는 플라스틱 재앙 예방 국민운동의 단순한 참여자가 아니라 주도자가 된다. 기부를 선택하는 소비자가 많지 않아도 된다. 'PLUSTIC 패션' 캠페인을 알리는 것만으로도 충분한 효과가 있다. 이 프로그램의 성과는 얼마나 자연스럽게 행사의 의미를 매장에서 안내하고, 원할 경우 쉽게 기부를 선택할 수 있는 여건을 마련해 주느냐에 있다.

저자는 이 프로그램을 통해 조성된 기금이 BAC 커뮤니티 회원들의 환경보존 활동이 전국적으로 전개되는데 사용된다면 소비자로부터 더 큰 호응을 받을 수 있다고 판단한다. 예를 들어 내가 재활용 의류 구매가격으로 1,000원을 더 내더라도 우리나라에 버려진 쓰레기가 수거될 수 있다면 1,000원보다 더 가치있는 선택이 되기 때문이다. 그리고 어쩌면 소비자들은 이를 통해 BAC 커뮤니티의 존재를 알게 되고 BAC 회원이 되기를 자원할 수도 있다. 우리나라의 환경을 지키는 명예로운 회원의 수가 증가되고 그에 따라 범국민운동으로 확산은 가속화될 수 있다.

7) 일곱 번째 과제: 'PLUSTIC 패션 캠페인을 전달하기 위한 장기적인 안목의 통합적 마케팅커뮤니케이션을 기획하자.

마지막으로 저자는 블랙야크에게 장기적인 안목에서 통합적인 마케팅커뮤니케이션 활동을 계획하고 체계적으로 전개하는 것을 권장한다. 캠페인은 소비자가 쉽게 기억하고 이해할 수 있도록 통합적인 관점에서 조정되어야 한다. 현재 블랙야크는 'BYN', 'PLUSTIC', 'K-rPET' 등 다양한 용어를 사용하고 있다. 이러한 용어들을 소비자들이 이해하고 기억하는데 상당한 시간이 걸린다. 따라서 여러 가지 캠페인들을 하나로 통일할 필요가 있다. 저자는 단어에서 의미를 연상하게 해 주는 'PLUSTIC 패션'을 추천한다.

앞서 하겐다즈의 "HD loves HB" 캠페인을 소개하면서 이 캠페인의 성공 요인 중 하나가 다양한 마케팅 커뮤니케이션 도구들의 통합적인 운영이었다고 설명한 바 있다. 통합적인 마케팅 커뮤니케이션(Integrated Marketing Communication)의 핵심은 캠페인을 단계별로 정립하고 각 단계에 맞는 적절한 도구들을 조화롭게 활용하는 것이다. 블랙야크도 현재 전개하고 있는 광고, 친환경 활동, 커뮤니티 활동, 전시관 등 도구들을 통합적으로 조정해 '플라스틱에 패션을 입힌다'는 하나의 목소리를 내야 한다. 예를 들어, 소비자들에게 전달되는 메시지도 1) 플라스틱 재앙 가능성을 알리고 2) 소비자가 자연환경의 주인으로서 플라스틱 분리 배출에 앞장서야 하고 3) 소비자가 재활용을 위한 플랫폼 구축을 주도할 수 있음을 단계적으로 알려야 한다.

3. 소비자의 명예로운 행동은 페트병 재활용 생태계를 움직일 수 있다.

소비자는 우리나라 자연환경의 주인으로서 플라스틱 생태계를 주도할 수 있는 무기가 있다. 생태계를 주도하기 위한 소비자의 명예로운 행동은 다음과 같다.
행동강령 1: 페트병 분리배출의 중요성과 적절한 방법을 다른 소비자들과 공유합시다.
행동강령 2: 투명 페트병 분리배출함이 마련되어 있지 않으면 이를 지자체에 요구합시다.
행동강령 3: 분리되어 배출된 페트병이 적절하게 수거되고 있는지 확인합시다.
행동강령 4: 국내에서 소비된 페트병을 재활용한 브랜드를 구매합시다.
행동강령 5: 회사의 친환경활동의 진정성을 평가하고 공유합시다.

우리나라의 천연자원 보호를 위해 주인인 소비자는 다양한 구성원들을 움직일 수 있는 무기를 갖고 있다. 사회적 문제해결이나 환경적 가치의 제고는 공공재의 성격을 갖고 있다. 그러하기에 수익성을 추구하는 기업의 자율적인 행동을 기대하기만 한다면, 그 효과는 제한적일 수밖에 없다. 소비자가 자신이 소유한 무기를 명예롭게 행사한다면 모든 구성원들을 변화시킬 수 있다. 기업의 생존 여부는 소비자의 선택에 달려있다. 소비자는 자신의 선택을 통해 회사를 변화시킬 수 있는 것이다. 기업은 소비자가 함께 할 수 있는 자연환경 보호활동을 고안해 제시해야 하고 소비자는 주인의식을 갖고 이러한 활동을 주도해야 한다. 저자는 독자들에게 소비자로 다음과 같이 명예롭게 행동함으로써 우리가 소유하는 자연환경을 보호하자고 제안한다. 이는 소비자로서, 자연환경의 주인으로서 권한이자 책임도 된다.

행동강령 1: 페트병 분리배출의 중요성과 적절한 방법을 다른 소비자들과 공유합시다.

아직도 적지 않은 소비자들은 투명 페트병 분리배출의 중요성을 인식하지 못하고 적절한 분리배출방식을 숙지하지 못하고 있다. 블랙야크와 같은 패션기업이나 환경 관련 기관의 안내를 통한 전파에도 한계가 있다. 따라서 정보를 공유하고 재생산할 능력을 가지고 있는 소비자들이 우리의 자연환경을 보존하기 위해 분리배출의 중요성과 적절한 방법을 공유해 주어야 한다. 이는 우리 후손을 위한 책임이기도 하다.

행동강령 2: 투명 페트병 분리배출함이 마련되어 있지 않으면 이를 요구합시다.

플라스틱 폐기물이 우리 환경에 미치는 부정적인 영향을 막기 위해선 투명 페트병만이 분리 배출될 수 있는 여건이 마련되어야 한다. 현재 이를 위한 정책이 진행되고 있지만, 아직도 페트병이 일반 쓰레기와 혼재되어 배출되는 경우도 적지 않다. 만일 일반 주택의 경우 투명 페트병만을 배출할 분리배출함이 마련되어 있지 않다면, 소비자들은 이에 대한 시정을 지자체에 요구해야 한다. 공동주택의 경우 투명한 페트병 배출함과 일반 플라스틱 배출함이 분리되어 있지 않다면, 이에 대한 시정을 관리사무소에 요청합시다. 공동주택의 경우 분리배출함이 마련되는 것이 규정이다. 투명 페트병이 분리 배출되어야 부가가치가 높은 패션의류로 재활용될 수 있다.

행동강령 3: 분리되어 배출된 페트병이 적절하게 수거되고 있는지 확인합시다.

앞서 소비자들이 투명 페트병과 일반 플라스틱을 분리해 배출하더라도 수거시 이들이 혼재되는 경우가 적지 않다고 설명한 바 있다. 그리고 플라스틱 폐기물이 일반 쓰레기와 섞여 수거되는 경우도 있다. 이러한 현상은 쓰레기가 수거되는 현장에서 소비자에 의해 목격될 수 있다. 소비자들은 이러한 부적절한 쓰레기 수거를 목격하게 되면 이에 대한 시정을 요구해야 한다. 일반 주택의 경우 지자체에게 공동주택의 경우 관리사무소에 요구하는 것이 효과적이다.

행동강령 4: 국내에서 소비된 페트병을 재활용한 브랜드를 구매합시다.

적지 않은 기업들이 플라스틱 소비로 인한 문제점들을 인식하면서 페트병을 재활용해 제품을 생산하고 있음을 강조하고 있다. 이러한 기업들의 활동은 친환경과 관련된 이미지를 구축해 소비자의 선택을 유도하기 위한 것이라고 볼 수 있고 이러한 활동은 지구촌에서 나타날 수 있는 플라스틱 재앙을 해소하는데 도움을 준다. 그러나 소비자들은 페트병을 재활용한 제품을 구매할 경우 국내에서 소비된 페트병을 재활용한 것인지 확인해 보아야 한다. 그런 제품만이 우리나라 자연환경을 보존하는데 도움을 줄 수 있기 때문이다. 저자가 파악한 바로는 앞서 사례로 소개한 플리츠마마와 블랙야크만이 국내 투명 페트병을 패션의류로 재활용하고 있다.

행동강령 5: 회사의 친환경 활동의 진정성을 평가하고 공유합시다.

소비자들의 윤리의식과 친환경 의식이 높아지면서 적지 않은 기업들이 사회적 가치나 환경적 가치를 제고하는 활동을 전개하고 있다. 그러나 소비자들은 기업 활동의 진정성을 평가한 후 호응 여부를 결정해야 한다. "그린워싱", "CSR, CSV 또는 ESG 워싱"이라는 용어가 있다. 쉽게 설명하면 기업이 환경적 가치나 사회적 가치에 관심이 높아 이를 위한 활동을 하는 척하는 것이다. 즉, 기업이 소비자의 구매유도를 위한 수단으로 사회적 가치나 환경적 가치를 소구하는 것이다. 착한 기업이 아니라 착한 척 하는 기업이다.

소비자는 기업이 전개하는 사업의 종류와 관계없이 그 기업이 생산 과정을 거쳐 자연환경과 자원에 어떤 영향을 미치는지 평가할 수 있다. 이 회사가 재생 가능한 원료를 사용하는지 회사가 배출한 폐기물을 적절히 처리하고 있는지 회사가 배출한 폐기물을 회수하기 위한 노력을 하고 있는지 등을 확인할 수 있다. 소비자는 이제 쉽게 소셜 네트워크를 이용해 이러한 정보를 탐색하고 공유할 수 있다. 소비자가 취할 수 있는 가장 효과적이고 강력한 무기는 자연환경에 도움을 주기 위해 노력하는 기업의 제품을 구매하는 것이다. 소비자의 세심한 평가와 현명한 선택은 착한 척하는 회사를 착한 회사로 바꾸게 할 것이다.

참고문헌

유창조 (2007), "월드컵 축구경기에서 표출되는 팬의 소비가치에 대한 비교연구: 국가별 팬 집단의 소비행태 및 소비문화의 비교," **마케팅연구**, 22(4), 115-140.

유창조, 김미나 (2007), "경험적 가치기반의 매장에 관한 Ethnography: 홍대 앞 프리마켓(free market)을 중심으로," **유통연구**, 12권 3호, 1-21.

유창조, 백지은 (2006), "미술관 체험에 관한 ethnography: 참여적 소비를 중심으로," 2006년도 마케팅학회 춘계학술대회 발표논문집, 2006년 3월 4일.

황장선, 도선재 (2011), " 사용자간 상호작용성(User-to-user Interactivity)의 측정을 위한 척도개발과 검증: 온라인 브랜드 커뮤니티를 대상으로," **광고학연구**, 22(4), 203-230.

Caru, Antonella and Benard Cova(2007), *Consuming Experience*, Routledge Inc.

Chesbrough, Henry (2006), Open Business Models: How to Thrive in the New Innovation Technology, Harvard Bu- siness School Press.

Jenkins, Henry(2006). *Convergence Culture: Where Old and New Media Collide*, New York, University Press.

Lancaster, Kurt(1997), "When Spectators Became Performers: Contemporary Performance-Entertainment Meet the Needs of an Unsettled Audience, Journal of Popular Culture, 30, 75-88.

Kotler, Philip, Hermanwan Kartajaya and Iwan Setawan (2010), Marketing 3.0, John Wiley & Sons, Inc.

Lancaster, Kurt(1997), "When Spectators Became Performers: Contemporary Performance-Entertainment Meet the Needs of an Unsettled Audience," *Journal of Popular Culture*, 30, 75-88.

McAlexander, James H., John W. Schouten, & Harold F. Koenig(2002), "Building Brand Community," *Journal of Marketing*, 66(January), 38-54.

Pine, Joseph, and James Gilmore(1999), *The Experience Economy*, Boston: Harvard Business School Press.

Prahalad, C. K. and Venkat Ramaswamy (2004), The Picture of Competition: Co-creating Unique Value with Consumers, Harvard Press.

Sharma, Arun and Jagdish N. Sheth(2004), "Web-based Marketing: The Coming Revolution in Marketing Thought and Strategy." Journal of Business Research, 57, 696-702.

Sherry, John F., Rovert V. Kazinets, and Stefania Borghini(2007), "Agents in paradise: experiential co-creation through emplacement, ritualization, and community," Chapter 2 in Consuming Experience, Edited by Antonella Caru and Benard Cova, 17-33.

Tapscott, Don and Anthony D. Williams (2006), Wikinomics: How Mass Collaboration Changes Everything, New York Portfolio.

Tuner, Victor(1969), *The Ritual Process: Structure and Anti-structure*, Aldine Publishing Company, Chicago, Illinois.

제6부

소비자 주도형 ESG 프로젝트로의 진화

플라스틱에 패션을 입히다

1. 'PLUSTIC 패션 프로젝트' 는 소비자 주도형 ESG 활동이라는 새로운 영역을 개척하게 될 것이다.

앞서 기업이 사회 내에서 역할이 진화되고 있음을 설명한 바 있다. 이러한 개념들은 사회적 가치 향상과 환경적 가치 제고와 관련된 기업의 책임수행과 이를 통한 성장을 제시하고 있다. 그러나 과연 기업만이 사회적 가치와 환경적 가치를 제고하는 역할을 담당해야 할까? 최근 기업과 소비자의 관계에서 소비자의 주도적인 역할과 주인의식도 언급한 바 있다. 참여와 협력의 시대에 이제 소비자는 사회적 가치를 향상시키고 환경적 가치를 제고하는 주인공 역할을 담당할 수 있다. 소비자는 이제 기업의 경영에 참여하고 기업의 활동을 주시하면서 바람직한 사업을 전개하는 기업에게 열성적인 지지를 보내거나 부도덕한 경영을 하는 기업의 제품에 대한 불매운동도 전개할 수 있는 능력과 지위가 있다. 그리고 더 나아가 소비자는 기업과 함께 협력해 바람직한 가치를 구현할 수도 있다.

지금까지 국내에서 강조되고 있는 ESG 경영은 기업의 관점이 주로 논의되고 있다. 기업이 사회적 가치와 환경적 가치를 고려한 경영활동을 전개해야 한다는 것이다. 그러나 참여와 협력의 시대에 기업은 ESG 활동을 고객과 함께 전개할 필요가 있다. 이런 의미에서 블랙야크가 제안하는 'PLUSTIC 패션' 프로젝트는 소비자 주도형 ESG라는 새로운 영역을 개척하게 될 것이다. 블랙야크는 국내에서 배출되는 페트병을 적절하게 처리해 미래 재앙을 예방할 수 있는 모델을 제시하면서 이를 위해 소비자를 주인공으로 초대하고 있다. 올바른 페트병 재활용 처리의 시작과 마무리는 소비자의 참여에 의해서만 완성될 수 있기 때문이다.

소비자가 기업이 구상하는 ESG 활동에 자발적으로 참여하기 위해서는 세 가지 조건이 필요하다. 첫째는 자율성으로 환경이나 결과를 통제하고 싶은 인간의 기본적인 욕구이다. 예를 들어, 플라스틱이 가져다줄 수 있는 미래 재앙을 소비자들에게 잘 전달한다면, 소비자들은 자연환경을 보호하기 위해 자발적으로 국민운동에 참여하게 될 것이다. 둘째는 역량을 발휘해 목표를 달성하고 싶은 욕구가 있어야 한다. 기업은 소비자들에게 소비자의 참여로 환경보존이 가능해진다는 믿음을 주어야 한다. 소비된 투명 페트병의 적절한 처리방법을 알리고 생태계 차원의 플랫폼이 구성되어 국내에서 소비된 투명 페트병들이 모두 재활용될 수 있다는 믿음을 주는 것이 블랙야크의 과제이다. 마지막으로 소비자들이 서로 연결되어 있어야 한다. 4차 산업 혁명시대엔 이미 소비자들은 서로 연결할 수 있는 능력이 있다. 기업은 소비자들이 서로 연결할 동기만 부여해 주면 된다. 플라스틱으로 인한 재앙을 예방하는 것은 소비자들이 서로 연결해 협력할 수 있는 충분한 동기가 될 수 있다. 블랙야크는 이미 등산과 관련된 커뮤니티가 구성되어 있고 회원들이 26만 명이 넘는다. 블랙야크는 이 커뮤니티에 일반 소비자들이 참여할 동기를 마련해 확산시키고 이를 통해 국민운동이 전개될 수 있도록 노력해야 한다.

2. 블랙야크가 국민 브랜드로 거듭나 글로벌 TOP 5가 되기를 기원하며

저자는 블랙야크가 국내 산악인에 의해 개발된 국산 브랜드임을 알고 있는 소비자들이 얼마나 될까 궁금하다. 적지 않은 소비자들은 블랙야크도 해외 브랜드의 하나라고 생각할 수 있을 것 같다. 특히 해외 유명 브랜드가 진출해 있는 아웃도어 시장에서 국산 브랜드가 국내 시장에서 1, 2위를 다투고 있음은 매우 고무적인 일이다. 만일 국내 브랜드 블랙야크가 국내에서 소비되는 페트병의 적절한 처리방법을 제시해 국내 자연환경보존의 선봉장이 되고 있음이 전해진다면 블랙야크는 미래에 압도적인 선두자리를 차지하게 될 것이다.

마케팅 분야를 개척한 석좌교수 코틀러(Kotler)는 4차 산업 혁명시대의 미래 마케팅개념으로 소비자와의 공동창조(co-creation), 커뮤니티(communitization), 품격(integrity)를 제시한 바 있다. 이를 종합하여 요약하면, 기업 또는 브랜드는 사회가 공감할 수 있는 정체성(identity)을 정립하고 이를 구현하기 위해 소비자들이 참여할 수 있는 플랫폼을 마련해 소비자들과 공유해야 한다. 블랙야크는 이러한 미래 마케팅개념을 실천할 모든 조건을 갖추고 있다. 자연과 인간의 공존이라는 기업 사명을 이미 오래전부터 실천해 왔고 등산과 자연환경에 관심 있는 소비자들을 커뮤니티 회원으로 확보하여 이들과 함께 환경을 보존하는 활동을 이미 전개하고 있으며 특히 'PLUSTIC 패션 프로젝트'를 통해 국내 자연환경을 국민과 함께 보존하자고 제안하고 있다. 이러한 활동들이 지속적이고 일관성 있게 전개된다면 소비자들은 블랙야크를 국민 브랜드로 인정할 것이다.

인간과 자연과의 공존이라는 가치는 국내에서만 공감되는 것은 아니다. 블랙야크의 환경을 위한 다양한 활동은 품격 있는 브랜드라는 명성을 쌓을 수 있게 해 줄 것이고 이러한 환경적 가치는 글로벌 시장에서도 호응받아 글로벌 TOP 5 브랜드가 되는 디딤돌이 될 것이다.

저자는 독자들에게 블랙야크라는 기업을 위해서가 아니라 우리 자신을 위해 'PLUSTIC 패션' 프로젝트에 참여하자고 제안한다. 이 프로젝트가 범국민운동으로 확산되면, 국내에서 소비되는 플라스틱이 적절하게 재활용되어 플라스틱이 우리의 건강과 안전을 위협하지 못하게 될 것이다. 이러한 프로젝트를 통해 구축된 재활용 생태계는 산업의 효율성도 높여 줄 것이다. 블랙야크가 당장 수익이 보장되지 않고 비용만 감당해야 하는 프로젝트를 우리나라 자연환경 보존을 위해 전개하고 있음이 소비자들에게 인정받게 되기를 기원한다.

국내에는 우리 소비자들이 자랑스러워하는 회사들이 있다. 삼성, 현대기아차, SK하이닉스, 포스코, 네이버, 카카오 등이 있다. 이들 기업들은 어려운 경영환경 속에서 기업가정신을 발휘해 위험을 감수하고 혁신적인 경영모델을 구축하면서 사회에 바람직한 가치를 창출해 왔고 경쟁력이 글로벌 시장에서도 발휘되고 있다. 소비자들은 이러한 기업들의 투지와 능력을 인정하고 이 브랜드들을 통해 국가적 자부심을 느끼고 있다. 이제 아웃도어 시장에서도 국산 브랜드인 블랙야크가 국민 브랜드로 인정받고 이를 바탕으로 글로벌 시장에 진출해 품격 있는 브랜드로 도약하기를 기원한다.

플라스틱에 패션을 입히다

부록

소비자 참여형 효과에 관한 보충자료

부록 1: 소비자의 기부선택이 후속 행동에 미치는 영향에 관한 연구결과

아래 내용은 선택형 대의명분 마케팅 효과에 대한 독자들의 이해를 돕기 위해 작성되었습니다. 저자는 소비자가 제품 구매시 자발적으로 기부를 선택할 경우 나타나는 효과를 검증하여 학술대회에서 발표한 바 있는데, 아래에 주요 내용이 요약되었습니다.

발표 학술대회: 한국 소비자광고심리학회 춘계정기학술대회(2119년 5월 25일)
발표 제목: 소비자의 자발적인 기부선택이 후속 행동에 미치는 영향에 관한 비교연구: 구매연계 회사기부와 소비자 기부선택의 효과 비교
발표자: 이종식, 유창조

소비자의 자발적인 기부선택이 후속 행동에 미치는 영향에 관한 비교연구:
구매연계 회사기부와 소비자 기부선택의 효과 비교

1. 연구목적

대의명분 마케팅은 기업이 사회가 요구하는 가치에 대한 명분을 제시하여 소비자의 제품구매를 유도하는 프로그램이다. 지금까지 대의명분 마케팅(cause-related marketing)은 대부분 구매와 연계된 형태로 진행되어 왔

다. 즉, 소비자가 제품을 구매하면 회사가 구매금액의 일부를 특정기관에 기부하는 방식이다.

이와같이 대의명분 마케팅 활동이 활발해지는 시기에 CJ제일제당은 2012년 '미네워터 바코드롭 캠페인'을 전개하면서 대의명분 마케팅의 새로운 방향을 시도한 바 있다. 미네워터는 제품 패키지에 제품 구매 시 스캔할 수 있는 바코드 1개와, 제품 구매와 동시에 기부를 선택할 경우 스캔할 수 있는 바코드 1개 등 총 2개의 바코드를 인쇄하였다. 구매와 동시에 직원에게 기부와 연관된 바코드 스캔을 요청할 경우 소비자는 제품의 가격과는 별개로 기부금액 100원을 추가로 지불하게 되고, 더불어 CJ제일제당과 편의점 프랜차이즈인 CU(구 훼미리마트)는 각각 100원씩을 추가로 기부하여 모두 300원이 물 부족을 겪는 아프리카 어린이들에게 생수와 식수 정화 장치 구매 비용을 지원하게 된다. 이 캠페인의 특징은 소비자들에게 기부여부를 선택할 수 있게 여건을 마련해 준데 있다.

본 연구자들은 이와 같은 사례를 접한 후 '선택형 대의명분 마케팅'의 효과를 '구매연계형 대의명분 마케팅' 효과와 비교하고 소비자가 기부를 선택했을 때 나타날 수 있는 효과를 분석했다. 따라서 본 연구의 핵심 과제는 1) '선택형 대의명분 마케팅' 제안과 '구매연계형 대의명분 마케팅' 제안과의 차이를 소비자 반응 측면에서 비교해 보고, 2) 어떤 소비자들이 기부를 선택하는가를 분석한 다음, 3) 소비자가 비용을 부담하면서 기부를 선택했을 때 나타날 수 있는 성과를 분석했다. 이를 위해 본 연구는 두 가지 연구를 설계하였다.

I. 연구 1: 구매연계형 회사기부와 소비자 선택형 기부 참여와의 비교

1. 연구과제 및 예측

본 연구는 대의명분 마케팅 제안을 구매연계형 회사 기부와 소비자 선택형 기부 참여로 구분하였다. 구매연계형 회사 기부는 과거 대부분의 활동이 사용한 방식으로 소비자가 제품을 구매하면 자동적으로 구매금액의 일부가 사회적 가치 명분을 위해 기부되는 형식이고, 소비자 선택형은 미네워터가 처음 사용했던 방식으로 소비자가 기업이 제안하는 대의명분을 선택하여 참여할 수 있는 방식이다.

첫 번째 연구과제는 이 두 가지 방식에 대한 소비자 반응을 비교분석했다. 이를 위해 본 연구는 일반적인 제품을 소개하는 광고(대의명분이 제시되지 않는 일반 광고로 광고 1이라 칭함), 일반 광고에 소비자 구매시 구매금액의 10%가 결식아동에게 기부됨을 안내하는 광고(구매연계형 회사기부 방식으로 광고 2라 칭함)와 일반 광고에 소비자가 구매시 결식아동에게 기부여부를 선택할 수 있음(소비자는 원하면 제품만 구매할 수 있고 또는 소비자가 100원을 결식아동을 위해 기부할 경우 회사가 100원을 추가 기부함)을 안내하는 광고(선택형으로 광고 3이라 칭함)를 개발해 이를 소비자들에게 보여 준 후 구매와 관련된 반응을 비교하였다.

예측: 구매연계형 회사기부 제안과 소비자 선택형 기부 제안을 접한 소비자는 일반 제품 광고를 접한 소비자들보다 더 호의적인 구매반응(제품 태도 및 제품구매의사)을 보일 것이다. 그리고 구매연계형 회사 기부와 소비자 선택형 기부 참여에 대한 구매반응 차이는 유의하지 않을 것이다.

2. 연구방법

실험의 개요: 앞서 언급한 예측을 확인하기 위해 대의명분이 제시되지 않은 일반 제품에 대한 광고, 구매연계형 회사기부가 제시된 광고, 소비자가 제품을 구매하면 기업이 자동 기부함을 안내하는 문구가 들어간 광고 및 소비자의 자발적 기부 선택이 가능함을 안내하는 문구가 들어간 광고를 개발한 후, 소비자가 이들 세가지 유형의 광고를 접한 후 반응을 측정하는 실험을 설계하였다.

실험대상 제품: 본 연구는 연구의 외적 타당성을 높이기 위해 가상적인 브랜드 대신 시장에 나와 있는 실제 브랜드에 대해 실험을 진행하기로 결정하였고 그 결과 즉석밥 카테고리의 대표 제품인 CJ제일제당의 "햇반"을 선정하였다. CJ제일제당은 미네워터 "바코드롭 캠페인"을 전개한 바 있는데, 소비자들은 이미 미네워터의 대의명분에 대해 접했기 때문에 이러한 대의명분이 제시된 바 없는 다른 실제 브랜드를 탐색하게 되었다. 실험에 사용된 실험자극의 예는 다음과 같다.

〈대의명분이 제시되지 않은 일반 광고의 예〉

〈선택형 대의명분이 제시된 광고의 예〉

실험참가자 및 자료 수집절차: 본 연구의 실험은 온라인 자기 입력식 조사를 진행하였고 시장 조사 전문 기관인 마크로밀 엠브레인을 통해 2019년 1월 8일부터 11일까지 진행되었다. 본 연구에는 모두 전국 20~40대 성인 총 502명이 참가하였는데, 불성실한 응답을 제외한 492명의 응답이 분석되었다. 이들 중 일반 광고를 접하는 실험참가자들은 163명, 구매연계형 회사기부 광고를 접하는 실험참가자들은 171명, 소비자 선택형 기부광고를 접하는 실험참가자들은 158명이었다.

실험 참가자들에게는 첫 페이지에서 실험의 목적 등이 제시되었고, 다음 페이지로 넘어가면 실험집단별로 세 가지 광고 중의 하나를 접하게 되는데, 실험참가자들은 최소한 1분간 광고정보를 처리하게 된다(1분이 지나야 다음 페이지로 넘어갈 수 있음). 광고정보를 처리한 후 다음 페이지로 넘어가면, 제시된 제품에 대한 태도와 구매의사 및 인구통계적인 요인에 대한 질문이 진행되었다.

변수의 측정: 연구 1에서 분석하는 변수는 브랜드 태도와 구매의사이다. 이 두 변수 대한 측정항목들은 이미 많은 연구자들에 의해서 시도된 바 있는 항목들은 본 연구의 목적에 맞춰 개발되었다.

3. 분석결과

본 연구의 가설은 세 가지 광고유형(일반광고, 구매연계형 광고, 선택형 광고)에 대한 소비자의 브랜드 태도와 구매의사의 차이를 비교하기 위해 일원분산분석(ANOVA)을 실시했다. 그 결과 세 가지 유형에 대한 브랜드 태도와 구매의사는 차이가 있는 것으로 확인되었고 구체적인 결과는 〈표 1〉에 요약되었다.

〈표 1〉 광고 유형에 따른 소비자 반응에 대한 분산분석결과

브랜드 태도				
구분	N	평균값	F/p값	집단별 차이
일반 광고(1)	163	4.96		1=2, 2=3, 1〈3
회사기부 광고(2)	171	5.05		
소비자기부 광고(3)	158	5.20		
구매의사				
구분	N	평균값	F/p값	집단별 차이
일반 광고(1)	163	4.80		1=2, 2=3, 1〈3
회사기부 광고(2)	171	4.89		
소비자기부 광고(3)	158	5.06		

분석결과 선택형 기부를 제안한 광고의 경우 일반 광고에 비해 소비자의 브랜드 태도나 구매의사는 유의한 수준에서 높은 것으로 나타났다. 이러한 결과는 일반광고보다 구매연계형 기부가 구매연계형 기부보다 선택형 기부가 소비자에게 더 잘 소구될 수 있은 가능성을 제시하고 있다.

II. 연구 2: 기부선택에 영향을 미치는 요인과 기부의 후속 효과

연구 2의 목적은 소비자의 기부 참여를 두 가지(구매시 회사만 자동으로 기부하는 경우와 소비자가 기부를 일부 부담하는 경우)로 구분한 다음, 소비자의 대한 선택에 영향을 미치는 요인을 탐색하고, 소비자의 자기부담 기부가 후속 구매행동에 미치는 영향을 분석하는 것이다.

1. 연구과제 및 예측

1) 기부방식 선택에 영향을 미치는 요인

연구 2의 첫 번째 과제는 소비자가 두 가지 선택 대안(첫 번째 대안: 회사만 기부, 두 번째 대안: 자신도 기부)을 제시받았을 때 대안 선택에 영향을 미치는 요인을 탐색하는 것이다. 첫 번째 대안은 소비자들이 구매를 하면 회사가 자동적으로 기부를 통해 결식아동에게 음식을 제공하게 된다. 반면 두 번째 대안의 소비자는 100원의 기부를 선택할 수 있고 이 경우 회사도 100원을 기부하게 된다. 소비자는 자신이 100원을 기부해야 하는 부담을 느끼게 되지만, 기부금액이 두 배(자시 부담 기부 100원과 회사기부 100원)가 되어 사회적 가치를 구현할 수 있는 크기가 커지게 된다. 즉, 두 번째 대안의 경우 소비자가 일부 비용을 부담해야 하지만 대의명분에 기여하는 주도성을 느낄 수 있는 것이다. 그리고 소비자가 100원을 기부하지 않으면 구매만 할 수 있고 이 때도 회사는 100원을 기부하게 된다. 그렇다면 어떤 소비자들이 자기부담 형식의 기부를 선택하게 될까? 본 연구는 지각된 개인 영향력과 지각된 시장영향력이라는 개념을 바탕으로 다음과 같은 예측을 도출하였다.

예측 2: 지각된 개인 영향력(또는 지각된 시장 영향력)이 높은 사람들은 낮은 사람들보다 본인이 추가적으로 기부를 부담하는 방식을 선택할 가능성이 높을 것이다. 반면 지각된 개인영향력이 낮은 사람들은 높은 사람들보다 회사만 기부하는 방식을 선택할 가능성이 높을 것이다.

2) 소비자 부담 기부선택의 효과

연구 2의 두 번째 목적은 소비자가 부담하는 기부를 선택할 때 후속 행동에 미치는 영향을 분석하는 것이다. 소비자의 자기 부담 기부를 선택하는 소비자들은 회사의 기부만을 선택한 소비자들보다 본인의 선택에 대한 자율성을 더 높게 인식하게 되고 사회적 문제해결에 대한 자기효능감과 유능함을 더 높게 느낄 수 있다. 그리고 이러한 선택은 이와 일관성있는 후속 행동을 유발할 수 있다. 따라서 기부를 선택한 소비자들은 그렇지 않은 경우보다 그 제품을 다시 구매할 의사가 더 높아지게 될 것으로 예측해 볼 수 있다.

예측 3: 자신의 비용을 부담하는 기부를 선택한 소비자들은 회사의 기부만을 선택한 소비자들보다 브랜드에 대한 정서적 충성도와 행동적 충성도가 더 높을 것이다.

2. 연구방법

실험의 개요: 본 연구의 목적은 소비자의 자발적 기부선택에 영향을 미치는 요인을 분석하고 자발적 기부 선택이 후속구매행동에 미치는 영향을 분석하는 것이다. 따라서 본 연구는 제품에 대한 안내광고에서 소비자들에게 두 가지 대안이 있음을 안내하였다. 즉, 소비자는 회사의 기부(100원)만 선택하거나 자신도 100원을 추가로 부담하면서 기부할 수 있는 대안(이 경우 회사도 100원 기부)을 선택할 수도 있다.

실험대상 제품: 본 연구에는 연구 1에서 진행한 바 있는 햇반 광고(광고 3)를 다시 사용하기로 했다.

실험참가자 및 자료 수집절차: 이 실험은 온라인 자기 입력식으로 진행되었고 시장 조사 전문 기관인 마크로밀 엠브레인을 통해 자료가 수집되었다. 2019년 2월 4일부터 7일까지 진행되었다. 본 연구에는 모두 전국 20~40대 성인 총 158명이 참가하였는데, 89(63.5%)명은 회사의 기부만을 선택하였고 51명(36.5%)이 자신이 일부 비용을 부담하는 기부방식을 선택하였다.

실험 참가자들에게 첫 페이지에서 실험의 목적 등이 제시되었고, 다음 페이지로 넘어가면 제품관련 광고(결식아동에게 지원한다는 대의명분이 제시되고 회사자동기부와 소비자도 기부하는 대안이 있음을 제시)가 제시되는데, 실험참가자들은 최소한 1분간 광고정보를 처리하게 된다(1분이 지나야 다음 페이지로 넘어갈 수 있음). 다음 페이지지로 넘어가면, 소비자는 기부방식(회사만 구매가의 10%를 기부하는 방식, 소비자와 회사가 함께 10%를 기부하는 방식)을 선택하게 되고, 마지막 페이지는 실험참가자들의 충성도 수준과 재구매의사가 측정되었다.

3. 연구결과

예측 2의 검증결과: 예측 2는 지각된 개인 영향력과 지각된 시장 영향력이 기부방식을 선택하는데 미치는 영향을 설정하였는데, 이를 위해 본 연구는 지각된 개인영향력과 지각된 시장영향력 수준에 따라 기부 방식을 선택하는 비율을 측정하였고 그 비율의 차이를 비교하였는데, 그 결과는 다음 〈표 2〉에 정리되어 있다.

〈표 2〉 기부 대안 선택비율에 대한 차이검증 결과

지각된 개인 영향력	개인기부선택	통계적 차이유무
높은 수준: 82명 낮은 수준: 58명	40명(48.8%) 11명(19%)	유의함 카이제곱: 13.404 p값: .000
지각된 시장 영향력	개인기부선택	통계적 차이유무
높은 수준: 76명 낮은 수준: 64명	37명(48.9%) 14명(21.9%)	유의함 카이제곱: 10.783 p값: .001

분석결과 지각된 개인 영향력(48.8%)과 지각된 시장 영향력이 높은 사람들의 경우(48.7%) 지각된 개인 영향력(19.0%)과 지각된 시장영향력(21.9%)이 낮은 사람들의 경우보다 본인이 구매금액의 10%를 추가 부담하는 기부방식을 선택할 확률이 높은 것으로 나타났다.

예측 3의 검증결과: 실험참가자가 기부 방식을 선택한 후 해당 브랜드에 대한 충성도 수준이 비교되었는데, 그 결과는 〈표 3〉에 요약되어 있다.

〈표 3〉 기부방식 선택에 따른 충성도 차이 분석결과

구분	회사기부 선택(89명)	본인기부 선택(51명)	통계적 차이
정서적 충성도	4.76	4.98	유의함 t값: 2.566 p값: 0.011
행동적 충성도	4.98	5.13	유의하지 않음 t값: 1.573 p값: 0.119

분석결과 기부비용의 일부를 부담하는 방식을 선택한 소비자는 회사의 기부만을 선택하는 소비자들보다 해당 브랜드에 대한 정서적 충성도 수준이 높은 것으로 나타났다. 이는 소비자가 비용부담을 자발적으로 선택한 경우 그러한 선택으로 인해 해당 브랜드에 대한 애착 수준이 높아짐을 의미한다. 한편 기부방식 선택이 행동적 충성도에 미치는 영향은 통계적으로 유의미하지 않은 것으로 나타났지만, 본인의 기부를 선택한 경우 회사의 기부만을 선택한 경우보다 행동적 충성도 수준이 높아지는 추세를 보이고 있다. 이는 소비자의 본인기부 선택이 정서적 충성도에 영향을 주고 이를 반복할 경우 행동적 충성도에도 유의미하게 영향을 줄 가능성이 있음을 의미한다.

III. 시사점

과거의 대의명분마케팅 방식은 대체로 구매와 연계되어 회사가 구매 금액의 일부를 기부하는 형식으로 전개해 왔는데, 미네워터는 소비자가 자발적으로 기부의 일정 비용을 부담하는 방식을 제안했다는 측면에서 매우 혁신적인 방안을 시도했다. 본 연구는 이를 선택형 대의명분 마케팅이라고 칭하고 이 효과를 일반적인 구매연계형 방식과 비교해 보았다. 그 결과 매우 흥미로운 결과가 확인되었는데, 위 연구가 제시하는 관리적 시사점은 다음과 같다.

첫째, 소비자가 제품 구매와 함께 기부를 선택할 수 있음을 안내하는 광고가 일반적인 제품광고보다 효과적임이 확인되었다. 대의명분 마케팅은 주로 소비자의 구매와 함께 회사가 사회적 명분에 대해 자동적으로 기부하는 방식이 주로 사용되어 왔는데, 선택형 대의명분이 더 효과적일 가능성을 시사하고 있다.

둘째, 소비자 선택형 대의명분은 지각된 개인 영향력과 시장 영향력이 높은 소비자들에게 더 잘 소구됨이 확인되었다. 이는 브랜드의 소비자 성향에 따라 대의명분 마케팅활동의 성과가 달라질 수 있음을 보여주고 있고 캠페인을 전개하는 표적고객 선정에 유용한 시사점을 제공하고 있다.

셋째, 소비자의 자발적인 기부선택은 정서적으로 그 브랜드에 대해 더 애착을 느끼게 하고 향후 후속적 구매 의사도 높아질 수 있음이 확인되었다. 이는 대의명분마케팅 활동의 미래 방향이 소비자가 기부를 주도할 수 있는 기회를 주는 것임을 보여주고 있다.

부록 2: 고객의 단골점포 선택이 후속 행동에 미치는 영향에 관한 연구결과

아래 내용은 소비자가 자발적으로 단골점포를 선택했을 때 나타나는 효과에 대한 독자들의 이해를 돕기 위해 작성되었습니다. 저자는 단골 점포 등록이 후속적인 구매행동에 미치는 영향을 실증적인 자료를 통해 비교 분석하여 광고학 연구에 게재한 바 있는데, 아래에 주요 내용이 요약되었습니다.

게재지: 광고학연구 30권 5호, 125-144(2019년).

논문 제목: 단골 점포 등록에 대한 고객의 자발적 참여가 점포내 구매행동에 미치는 영향에 관한 연구

저자: 이종식, 유창조

단골점포 등록에 대한 고객의 자발적 참여가 점포 내 구매행동에 미치는 영향에 관한 연구

I. 연구목적

국내의 한 프랜차이즈 회사는 사업과 관련된 스마트폰 기반 멤버십 앱을 개발해 이를 통해 고객의 단골점포 선택을 장려한 바 있다. 본 연구자들은 S사가 보유하고 있는 멤버십 고객들을 대상으로 자료를 수집하기 때문에 고객의 실제 반응을 추적할 수 있었다. 본 연구의 목적은 이러한 회사의 제안에 대한 고객의 반응(단골점포 선택)이 점포내 구매행동에 미치는 영향을 실제 자료를 통해 확인하는 것이었다.

1. 연구내용 및 예측

국내의 한 프랜차이즈 회사는 고객들에게 단골 점포 등록을 안내하는

행사를 진행한 바 있다. S사는 점포를 방문한 바 있는 고객들에게 앱을 이용해 단골점포 등록이 가능함을 설명하고, 단골점포를 등록하면 점포의 신제품과 행사에 대한 정보가 제공된다고 안내하였다. 고객은 멤버십 포인트 조회 화면에서 해당 점포를 선택하고, 정보 수신 동의 버튼을 클릭하면 단골점포 등록이 완료되며, 단골점포를 등록한 고객에게는 해당 점포에서 신제품이나 행사 내용이 앱을 통해 푸시 형태로 제공된다. 이 과정에서 주목할 점은 고객에게 단골점포 등록에 따른 특별한 보상이 제공되지 않았다는 것이다. 따라서 회사는 단골점포를 등록한 고객과 등록하지 않은 고객을 구분할 수 있었고 각 경우에 따라 등록 후의 점포구매행위를 추적할 수 있는 기회를 갖게 되었다. 따라서 본 연구는 단골점포를 등록한 고객과 등록하지 않은 고객의 후속 행동을 비교 분석했다.

단골점포를 자발적으로 등록한 고객은 점포가 제시하는 정보를 자주 접하게 된다. 이러한 정보들은 고객들에게 점포에 대한 선호도를 높여줄 수 있다. 그리고 자신이 자발적으로 등록했기 때문에 그 점포를 더 많이 방문하게 되고 방문시 구매할 가능성이 높아질 수 있다. 점포에서 개발한 새로운 제품을 접할 기회가 많아지기 때문이다.

예측 1: 단골점포 등록에 참여한 고객은 그렇지 않은 고객에 비해 점포의 방문횟수와 평균 구매액이 더 높아질 것이다.

단골점포 등록여부가 점포내 구매행동에 미치는 영향은 점포 충성도 수준에 따라 다르게 나타날 수 있다. S사의 멤버십 고객 중 VIP 고객은 제품에 대한 구매 금액이 높고, 구매 빈도가 높은 고객이기 때문에 단골고객으로 등록한 점포로부터 제공되는 메시지에 대해 관심수준이 더 높아 보다 열성적으로 처리할 가능성이 높다. 또한 이 정보들은 반복적으로 처리될 가능성이 높으므로 점포 방문 가능성과 구매가능성도 그만큼 더 높아질 것으로 예측될 수 있다.

예측 2: 단골점포 등록이 점포에서의 구매행동에 미치는 영향은 점포 로얄티 등급에 따라 다르게 나타날 것이다.

2. 연구방법

단골점포 등록고객에 대한 자료수집 방법: S사 멤버십 고객을 대상으로 한 단골 고객 등록을 안내하는 행사는 2017년 1년간 진행되었는데, 행사기간 중 고객의 단골점포 지정 시점의 전과 후 2개월간 점포에서의 구매행동(방문횟수와 구매금액)에 관한 자료가 수집되었다. 저자들은 고객들이 단골 등록 이전의 2개월간 실적과 단골 등록 후 2개월 실적에 관한 자료를 수집하여 구매액과 점포구매횟수를 비교했다. 실험대상은 S사가 직접 운영하는 2개 점포로 선정되었다. 두 개의 점포는 위치 등의 변수가 작용할 가능성이 있어 각 점포별로 변화량 차이를 분석하였다.

변수의 구분 및 측정: 본 연구모형에서 가장 중요한 변수는 단골점포 등록여부이다. 이 행사에 참여한 S사의 점포는 앱을 다운로드한 고객들에게 서비스를 소개하고 거래한 점포 중에서 단골점포를 지정할 수 있는 기회를 제공하였다. 고객이 앱에서 포인트 조회 화면을 누르면 〈그림 1〉와 같이 고객이 거래한 점포가 나타나고 고객이 거래한 점포 중에서 단골로 선택하고 싶은 점포의 별표 모양을 클릭하면, "단골매장 등록 동의"화면이 나타나고, "동의"버튼을 누르면 단골점포 등록은 완료된다. 앱에서 단골점포를 등록하고 해당 점포에 대한 정보수신에 동의한 고객들은 참여고객으로 구분되고, 단골점포를 지정하지 않은 고객은 비 참여고객으로 구분되었다. 행사시 단골점포를 등록하는 고객에게 특별한 사은품이 제공되지 않았기 때문에 회사의 행사에 자발적으로 참여한 고객들의 행동변화를 분석하는데 적합하다고 평가될 수 있다.

〈그림 1〉 모바일 앱에서의 단골점포 선택과정

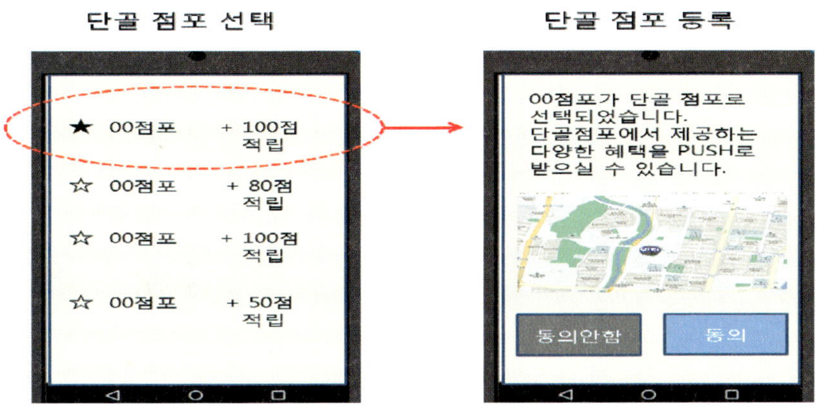

이 연구가 비교하는 핵심변수는 고객들의 점포 방문횟수와 방문시 평균구매금액이다. 단골점 등록이 안내된 고객들은 등록고객과 미등록 고객으로 구분되었다. 그리고 등록고객과 미등록고객들은 모두 2개월 전과 2개월 후의 방문횟수와 평균구매액의 변화량이 측정되었다. 사전 사후 측정방식의 경우엔 시기에 따른 변수가 변화량에 영향을 미칠 가능성이 있는 것이 단점이지만, 본 연구에서는 단골점포 지정에 참여한 고객과 참여하지 않는 고객을 함께 분석하기 때문에 이러한 문제가 제거될 수 있었다.

3. 연구결과

분석대상: 자료는 두 개의 점포에서 수집되었다. A점포는 주택 상업지역에

위치한 점포인데, 2017년 4월 1일부터 2017년 11월 30일까지 거래한 11,469명이 분석대상이다. 이 중 단골점포를 등록한 고객은 총 178명이었다. B점포는 수도권 주거지역에 위치한 점포인데, 같은 기간 중 거래한 7,596명이 분석대상이었다. 이 중 단골 점포를 등록한 고객은 총 50명이었다.

예측 1의 검증결과: 본 연구는 단골점포 등록고객과 미등록 고객의 점포 방문횟수와 평균 구매금액을 비교 분석하였다. 각 점포별 분석 결과는 〈표 1〉과 〈표 2〉에 정리되어 있다.

〈표 1〉 A점포 구매액 및 구매횟수 변화량

구분	단골점포 등록 여부	대상 고객수	평균값
구매액 변화량 (등록시점 2개월 후 - 2개월 전)	미등록	11,291	173
	등록	178	5,259
구매횟수 변화량 (등록시점 기준 2개월 후 - 2개월 전)	미등록	11,291	-.0072
	등록	178	0.5506

〈표 2〉 B점포 구매액 및 구매횟수 변화량

구분	단골점포 등록여부	대상 고객수	평균값
구매액 변화량 (등록시점 2개월 후 - 2개월 전)	미등록	7,546	562
	등록	50	12,615
구매횟수 변화량 (등록시점 2개월 후 - 2개월 전)	미등록	7,546	-.0348
	등록	50	1.18

분석결과 두 점포 모두 단골점포를 선택한 고객이 단골점포를 선택하지 않은 고객보다 점포를 더 많이 방문하는 것으로 나타났다. 단골점포를 지정하지 않은 고객의 경우 방문횟수의 차이가 거의 없었지만, 단골점포 등록 안내에 참여한 고객들의 방문횟수는 0.55회(A 점포) 및 1.11회(B 점포) 증가하였다. 또한 구매금액 변화에 있어서도 단골점포 안내에 참여한 고객이 참여하지 않은 고객에 비해 구매금액 변화가 더 큰 것으로 나타났다. 단골점포를 등록한 고객집단의 구매금액은 5,259원(A 점포) 및 12,615원(B 점포) 증가하였다.

예측 2의 검증결과: 고객 충성도 수준에 따라 점포 등록 후의 후속 행동 변화를 비교하기 위해 각 점포내에서 단골점포를 등록한 고객은 고객충성 수준(VIP 고객 vs. 일반 고객)으로 다시 구분되었다. B 점포의 경우 단골점포를 등록한 고객이 수(50명)가 충분하지 않아 A 점포만 분석되었다. 먼저 단골점포 등록 비율의 경우 일반 고객보다 VIP 고객이 더 높은 것으로 나타났다(표 3 참조).

〈표 3〉 A점포 VIP/일반 단골점포 등록

구분	단골 점포		계
	미등록	등록	
일반	8,786 (98.6%)	123 (1.4%)	8,909 (100%)
VIP	2,505 (97.8%)	55 (2,2%)	2,560 (100%)

그리고 일반고객과 VIP 고객의 평균 방문횟수와 평균 구매액을 비교해 본 결과 차이가 확인되었다. A점포의 경우 VIP 등급의 구매액은 14,094원 증가하여, 1,308원 증가한 일반 등급 고객보다 높게 나타났다(F=30.529, p=.000). 그리고 VIP 등급의 방문횟수는 1.55회 증가하였고 이는 일반 등급 고객의 증가 횟수(0.11회)보다 높아지는 것임을 확인하였다. 이러한 결과는 〈그림 2〉와 〈그림 3〉에 요약되어 있다.

〈그림 2〉 고객 등급별 구매액 변화량

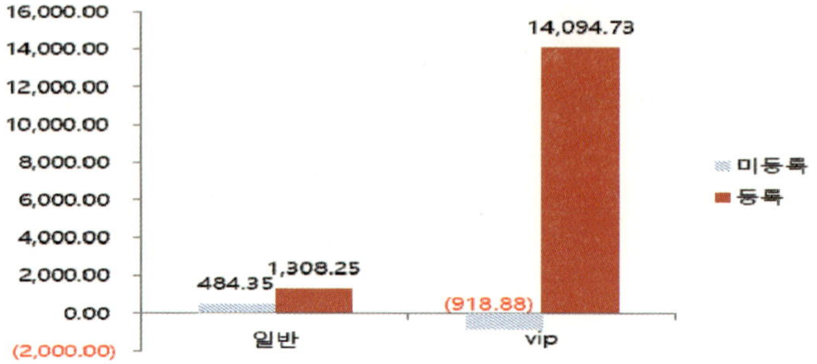

〈그림 3〉 고객 등급별 방문횟수 변화량

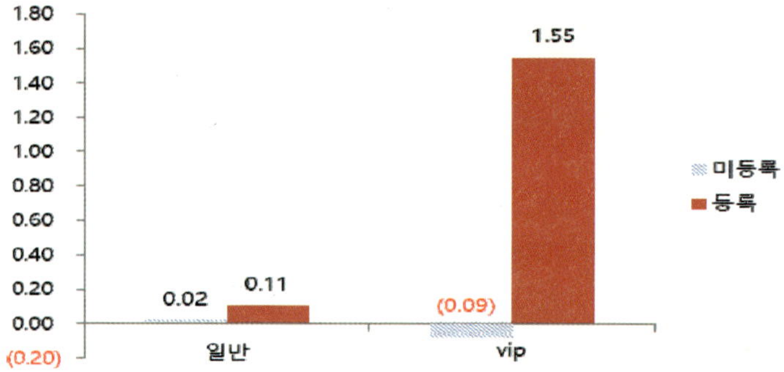

4. 시사점

본 연구는 회사제안에 대한 고객의 자발적 참여가 후속적인 구매행동에 미치는 영향을 실제 고객들에 대한 자료를 수집하여 검증하였다는 측면에서 중요한 기여도가 있다. 본 연구의 연구자가 회사에서 고객에 대한 로열티 프로그램을 관리하고 있었고 특히 멤버십 어플리케이션을 운영하여 고객의 단골점포 등록에 대한 안내에 참여한 고객과 그렇지 않은 고객을 명확하게 구분할 수 있었다. 따라서 본 연구는 실제 고객들에 대한 실제 구매 자료를 통해서 분석이 진행되었기 때문에 그 분석결과는 관리자들에게 다음과 같은 시사점들을 제공할 수 있다.

첫째, 행사에 대한 고객의 자발적 참여를 유도하는 것이 마케팅 담당자가 제공하는 다양한 행사의 효과성을 높이는데 매우 중요함을 확인하였다. 로얄티 프로그램의 목적은 충성고객을 확보하여 기업의 매출과 이익을 제고하는 것이지만, 과거 행사는 고객에 대한 보상을 제공하면서 진행해 왔기 때문에 비용대비 효과에 대한 의문이 자주 제기된 바 있다. 마케팅 관리자는 모바일 앱에서 고객의 참여를 높일 수 있는 다양한 형태의 기능을 활용해 행사에 대한 고객 참여를 유도할 수 있다. 멤버십 어플리케이션을 이용하는 고객을 대상으로 고객 참여형 이벤트, 모바일 설문, 단골 점포 등록, 스탬프 등을 효과적으로 활용한다면, 로열티 프로그램의 차별성과 효과성을 높이는 계기를 마련할 수 있을 것이다.

둘째, 고객참여 행동에 따른 후속적인 구매 행동의 변화는 고객의 충성도 수준에 의해 달라짐이 확인되었다. 충성도 수준이 높은 고객일수록 행사에 대한 참여도가 높아지고 안내되는 정보에 대해 더 적극적으로 처리하기 때문에 방문횟수 및 구매금액이 더 크게 늘어난 것이다. 따라서 기업은 고객 정보를 기반으로 충성도 높은 고객을 확보하기 위해 노력해야 하고 이들에게 유익한 콘텐츠를 제공하여 상호작용을 유도하게 되면, 이들의 후속적인 구매행동도 호의적으로 변화될 수 있다. 프랜차이즈 점포들이 고객에게 차별적으로 제공할 수 있는 마케팅 수단은 부족하고 사용할 수 있는 예산도 충분하지 못하다. 그러나 모바일 앱을 활용해 고객과 실시간으로 상호작용하면서 이들의 충성도 수준을 높일 수 있고 그에 따른 점포 구매금액과 방문빈도를 높여 매출과 이익을 증대할 수 있을 것이다.

셋째, 본 연구는 고객에게 유용한 콘텐츠를 적시에 실시간으로 제공한다면 고객의 자발적 참여를 유도할 수 있음을 보여주고 있다. 본 연구에서는 고객에 관한 기존 정보를 바탕으로 방문점포에 관한 자료를 제시하면서 단골점포 등록을 요청하였고 이에 대한 보상을 제공하지 않았음에도 불구하고 적지 않은 고객이 단골점포를 자발적으로 등록하였다. 비록 그 등록 참여 비율은 높지 않았지만 짧은 기간의 테스트 마케팅이었음을 감안하면, 보다 다양한 콘텐츠를 통해 고객 참여를 유도할 수 있음을 보여준다. 그리고 참여한 고객들에게 다양한 정보를 제공(신제품이나 행사 안내 외에 다양한 점포 소비행위에 관련된 오락적 정보제공 등)한다면 고객의 참여수준을 높이고 그에 따른 바람직한 마케팅성과를 낼 수 있을 것이다.

유창조

유창조(柳昌朝) 교수는 연세대 경영학과, University of Oregon에서 MBA, University of Arizona에서 경영학 박사학위(마케팅 전공)를 취득한 후, 현재 동국대학교 경영학과 교수로 재직하고 있다. 주요 저서로는 '사랑받는 기업의 비밀', '공유가치창출전략', '협력경영전략', '광고관리', '촉진관리', 등 10여 편이 있고, *Psychology & marketing, Journal of Business Research, International Journal of Advertising, International Journal of Hospitality Management* 등과 같은 SSCI급 저널과 마케팅연구, 소비자학연구, 광고학연구 등 국내 저명학술지에 150여 편의 논문을 발표한 바 있다. 그의 이러한 학술활동은 학계에서 인정받아 마케팅연구, 소비자학연구에서 최우수논문상을, 갤럽에서 학술논문상을, 동국대학교에서 우수연구교원상을, 소비자학회와 경영학회에서 최우수 논문심사자상을 수상한 바 있다. 또한, 유창조 교수는 학술활동의 리더십을 인정받아 한국경영학회, 한국마케팅학회, 한국소비자학회, 한국광고학회 회장을 역임한 바 있고, 소비자학연구와 마케팅관리연구 편집위원장직을 수행하면서 학술지 편집에도 기여했다.

유창조 교수는 최근 경영활동을 통한 더 좋은 세상을 만드는데 일조하기 위해 2013년 CSV 소사이어티 사무총장을 맡아 운영하였고, 2020년 대한민국 지속가능경영 포럼을 창립해 이사장직을 수행하였으며 현재 경영관련 강의, 연구 및 사회 활동이 학자로서의 소명임을 인식하고 연구에 매진하고 있다.

소비자가 주도하는 ESG 모델:

블랙야크가 제안하는 플라스틱 재앙 예방 국민운동

2021년 9월 28일 | 1판 1쇄 인쇄
2021년 9월 30일 | 1판 1쇄 발행
2021년 10월 19일 | 1판 2쇄 발행

지 은 이 | 유창조
발 행 인 | 김은중
발 행 처 | 서울경제경영출판사
북 디 자 인 | (주)우일미디어디지텍

주 소 | 03767 서울특별시 서대문구 신촌로 205, 506호
전 화 | 02)313-2682
팩 스 | 02)313-8860

등 록 | 1998년 1월 22일 제5-63호

ISBN : 979-11-6282-094-0 (93320) 정가 17,000원